좋은 통계가 있어야 상황에 맞는 합리적인 정책이 나올 수 있고, 인생에서 후회나 억울함이 없는 선택을 할 수 있다. 좋은 통계에서 좋은 인생과 좋은 세상이 만들어진다. _본문 중에서

세상을 바로 보는 힘

통계 안목

세상을 바로 보는 힘
통계 안목

2023년 2월 15일 초판 1쇄 발행
2023년 7월 15일 초판 2쇄 발행

지은이 　송인창·최성호
펴낸이 　조시현
편 집 　장혜원
펴낸곳 　도서출판 바틀비
주 소 　서울시 마포구 동교로8안길 14, 미도맨션 4동 301호
전 화 　02-335-5306
팩시밀리 　02-3142-2559
출판등록 　제2021-000312호

인스타 　@withbartleby
페이스북 　www.facebook.com/withbartleby
블로그 　blog.naver.com/bartleby_book
이메일 　bartleby_book@naver.com

ⓒ 송인창·최성호, 2023
ISBN 979-11-91959-21-5　03320

세상을 바로 보는 힘
통계 안목

송인창·최성호 지음

statistics

거짓 통계를 간파하는 안목 키우기

프로크루스테스의 침대

고대 그리스 신화에 등장하는 악당 중에 프로크루스테스라는 도적이 있다. 바다의 신 포세이돈 아들이었지만 악랄하기로 유명했다. 그에게는 세상에서 가장 완벽하다고 믿는, 아끼는 침대가 있었다. 프로크루스테스는 여인숙을 운영하면서 투숙객을 그 침대에 눕혔다. 이때 사람이 침대보다 작으면 침대에 맞게 몸을 잡아 늘였고, 반대로 사람이 침대보다 크면 가차 없이 다리를 톱으로 잘라서 침대에 맞추었다.

스스로 완벽하다고 믿는 사람은 자기 기준을 맹신하고, 모든 걸 그에 맞추려 한다. 기준에 맞지 않으면 비정상이고 틀렸다고 단정한다. 프로크루스테스가 자신의 침대에 맞춰 사람을 자르고 늘여 완벽하게 만들려 했듯이, 자기 기준을 맹신하는 사람은 이러한 행위를 정당하다고 우기지만 엄연한 폭력이고 범죄다.

오늘날, 이런 일은 더 은밀하고 교묘하게 벌어지고 있다. 범죄 대상은 데이터와 통계다. 수집한 데이터를 현대판 프로크루스테스의 침대에서 입맛대로 재단하고 그럴싸한 통계로 만든다. 범죄의 피해자는 통계를 신뢰하고 따르는 사람들이다.

사람들은 대부분 자신의 '경험과 감'보다는 숫자로 이루어진 정보를 객관적이라 여기며 더 신뢰한다. 판단의 근거로 사람들이 갈구하는 정보는 데이터에 기반한 정확한 '통계'다. 하지만 이런 신뢰를 악용하는 사례가 늘고 있다. 실수로 인한 통계 오류도 있지만 의도적인 통계 왜곡도 공공연하다. 심지어 국가기관이 생산하는 통계마저 작성 기준이나 내용, 발표 시점을 보면 정치적 의도나 조작 가능성이 의심스러울 때가 있다.

통계의 홍수에서 살아남기

통계는 우리 생활에서 중요한 부분이 되었다. 모든 신문과 방송이 통계를 바탕으로 사회현상을 분석하고 진단한다. 선거철마다 갖가지 여론조사를 시행하고 그 결과에 일희일비한다. 사회현상만이 아니다. 자연과학도 마찬가지다. 기후 변화나 코로나19 팬데믹에 대한 대응에도 통계를 활용한다. '관찰과 실험'은 인류가 과학 발전과 지식 축적을 일궈 온 기초적인 방법이었다. 그리고 관찰과 실험으로 수집한 데이터에서 유익한 정보를 추출하려면 통계적 분석과 이해가 필수다.

통계는 세상을 이해하고 더 나은 판단을 내리는 데 도움을 준다. 하지만 현실에서는 불량 통계가 사실을 왜곡하고 잘못된 판단을 내리도록 하는 경우가 많다. 『통계의 함정』을 쓴 저자들은 통계는 사실을 밝히는 가로등[1]이라며 우리가 세상을 자신이 보고 싶은 대로 보지 않고 실제 모습 그대로 바라보려면 통계 지식이 필요하다고 강조한다. 하지만 현실은 정반대다. 기존의 편견과 고정관념을 지키려는 사람들이 통계를 오용하기 일쑤다.

이 책을 쓴 직접적인 계기는 세 가지다. 첫째는 국가통계에 대한 신뢰도가 흔들리는 상황의 발생이다. 2018년 정부의 소득 분배 통계를 둘러싼 소동과 논란은 공신력이 생명인 국가통계도 언제든지 프로크루스테스의 침대에 의한 희생양이 될 수 있다는 현실을 자각하게 했다. 둘째는 2022년 20대 대통령 선거의 국면에서 난무하는 여론조사로 일어났던 혼란이다. 조사 기관마다 크게 다른 지지율은 후보자, 정당, 유권자 모두를 혼란에 빠뜨렸다. 그리고 마지막 계기는 2019년 말 발발한 코로나19 팬데믹과의 전쟁에서 새롭게 접한 각종 통계가 혼돈을 초래하는 상황이었다. 왜곡된 통계가 진실을 호도하며 잘못된 방향으로 행동하고 대응하도록 우리를 이끌었다. 저자들은 경제학과 통계학을 공부하는 입장에서 다시 한 번 통계에 대한 경각심을 환기해야 할 필요를 느꼈다.

건강에 대한 통계를 잘못 해석하면 건강을 해치고 쓸데없는 영양제나 치료로 돈과 시간을 낭비한다. 잘못된 경제 통계는 소중한 부와 자원을 잠식하고 양질의 일자리와 경제적 번영을 갉아먹는다. 왜곡된 정치 여론조사는 유권자들의 현명한 선택과 투표를 방해해 민주주의 기반을 송두리째 흔들 수 있다. 우리를 속이려는 음모와 함정은 도처에 숨어 있다. 소비자를 속이는 기업의 상품 마케팅, 국민을 속이는 정부의 정책 브리핑, 유권자를 기만하는 여론 조사 기관의 후보 지지율 등 현대판 프로크루스테스들이 난무하고 있다.

통계를 읽고 만드는 힘, 공부가 아닌 삶의 문제

120여 년 전에 타임머신과 투명인간을 소재로 SF소설을 썼던 허버트 조지 웰스는 읽기와 쓰기 능력과 마찬가지로 통계학적 사고가 기본 교양이 되리라고 예언했다.

또한 『빅데이터를 지배하는 통계의 힘』을 저술한 니시우치 히로무는 빅데이터 시대에 살아남으려면 '통계 리터러시statistical literacy'가 필요하다고 강조한다.[2] 통계 리터러시는 통계를 제대로 읽고 만드는 능력을 말한다. 통계 리터러시가 부족하면 왜곡된 통계를 활용한 사기에 넘어가 큰 손해를 입을 수도 있고, 올바른 의사 결정을 할 수 없다.

정직한 통계에 기반을 둔 정치와 정책이 더 좋은 사회와 국가를 만들 수 있다. 그러기 위해서는 통계를 만들어 제공하는 사람들이나 통계를 해석하고 활용하는 사람들 모두 통계에 대한 올바른 이해와 태도를 지녀야 한다. 왜곡되고 부정직한 통계를 가려내고 통계에 숨겨진 진짜 의미를 찾아내는 안목만이 우리 사회에서 프로크루스테스를 퇴출시킬 수 있다. 이 책은 그런 목적으로 썼다.

이 책을 읽는 데는 통계학이나 수학에 대한 기초 지식이 필요 없다. 또한 의학이나 경제학 같은 특정 분야의 지식도 필요 없다. 그리고 숫자를 더하고 나눌 때 사용할 메모지와 필기도구, 계산기도 필요 없다. 어느 정도의 상식만 있으면 충분하다. 그리고 끝까지 읽을 의지만 있으면 된다. 혹시 이 책을 읽다가 과거 통계에 속았던 억울한 기억이 떠올랐을 때 그냥 웃어넘길 마음의 여유가 있다면 더욱 즐거운 독서가 될 수 있을 것이다.

독자의 이해를 돕기 위해 중간중간 표나 글상자를 곁들였다. 사례나 설명을 자세히 풀어 쓰다 보니 길어질 때가 있었다. 한눈에 보고 이해를 돕도록 내용을 모으고 간추려서 표와 글상자에 넣었다.

통계가 낯설다면 1장부터 차근히 읽기를 권한다. 구체적인 사례와 함께 통계에 대한 이해의 폭을 넓힐 수 있다. 만약 통계가 익숙하다면 3장부터 읽어도 좋다. 최근 우리 사회에서 일어났던 일들을 기초 통계 지식을 활용해서 객관적으로 다시 들여다보고 이해할 수 있다.

사실 데이터 자체는 말이 없다. 데이터를 가다듬어 통계로 의미를 부여하고 소리치게 만드는 건 바로 사람이다. 통계는 객관적이고 중립적이라고 의심 없이 믿고 받아들이는 사람도 많다. 그러나 우리는 이 세상에 수많은 프로크루스테스가 통계를 자기 입맛대로 재단하고 있다는 걸 상기해야 한다. 통계가 올바르게 사용되는 세상을 꿈꾸어 본다.

2023년 1월
송인창, 최성호

차례

< 3장 >

선거 여론조사 파헤치기

< 4장 >
코로나19에 맞서는 통계

< 5장 >
통계로 나라 경제 바로 알기

1장

눈속임에 넘어가지 않는
통계 기본 사용법

가장 익숙한 통계,
평균의 함정

평균, 일상에서 가장 자주 만나는 통계

흔히 사람들은 '통계'라는 단어를 들으면 교실에서 만난 수많은 데이터와 복잡한 수식을 먼저 떠올린다. 그러나 우리는 일상 곳곳에서 통계와 함께한다. 아침에 비 올 확률을 찾아보거나 한 주의 평균 걸음 수를 확인하는 순간, TV 오디션 프로그램 속 우승자를 예측하는 순간에도 평균과 퍼센티지 같은 통계가 녹아 있다. 다만 너무나 자연스러워 인식하지 못할 뿐이다. 통계가 어렵고 낯설게 느껴진다면 이런 익숙한 통계부터 읽는 연습이 도움이 될 것이다. 그러다 보면 차츰 프로크루스테스의 침대에서 늘이고 잘려 왜곡된 통계를 찾아내는 안목을 가질 수 있다.

레오나르도 다빈치는 '단순함이 궁극의 세련됨'이라고 말했다.[3]

그런 의미에서 평균은 인류가 발명한 가장 세련된 통계다. 실생활에서 가장 흔하게 접하는 통계이며 그만큼 가장 익숙한 통계이기도 하다. 평균을 제대로 이해하는 일이 통계를 알아가는 첫걸음이다.

'평균'은 그 자체가 완결성을 갖춘 통계다. 통계란 수많은 불규칙한 데이터를 하나의 숫자, 그래프 또는 표로 정리하고 가공한 정보다. 평균은 정보를 숫자 하나로 한눈에 알 수 있도록 단순하게 만드는 마력을 지녔다. 잡다한 데이터를 단순화해서 본질을 꿰뚫어 볼 수 있게 한다. 단순하지만 데이터를 하나도 빼지 않고 모두 반영한다.

보통은 그냥 평균이라고 부르는 개념을 통계학에서는 산술평균算術平均, arithmetic mean이라고 한다. 데이터를 모두 더한 값을 데이터의 수로 나누어 구한다. 이때 모든 데이터를 동일하게 취급해서 구한 평균을 단순평균이라고 한다. 반면에 중요성에 따라 데이터를 다르게 취급해서 구한 가중평균도 있다. 데이터를 다룰 때 '같은 건 같게, 다른 건 다르게 다루어야 한다'는 원칙을 지켜야 한다. 이 원칙을 따른 게 가중평균이다. 중요한 것에 더 큰 가중치를 두어서 평균을 구한다.

신인 가수를 뽑는 TV 오디션 프로그램을 예로 들어 단순평균과 가중평균의 차이를 살펴보자. 심사 위원은 5명이고 콘테스트 결승에 오른 최종 후보는 2명, 평균 점수가 더 높은 사람이 대상을 받는다고 하자. 심사 위원은 0점부터 10점까지의 점수를 줄 수 있다. 1번 후보가 A, B, C, D, E 5명의 심사 위원에게 각각 8점, 5점, 9점, 10점, 8점을 받았을 때 단순 산술평균을 적용하면 평균 점수는 8점이다. 2번 후보는 10점, 8점, 5점, 6점, 6점을 얻었다면 평균 점수는 7점이다. 따라서 1번 후보가 대상이다.

하지만 특정 심사 위원이 더 높은 비중을 갖는 경우도 있다. 심사 위원의 대표성에 따라서 각각 다른 비중을 갖고 심사에 참가한다고 하자. A와 B는 더 권위를 갖는 심사 위원으로 각자 35%의 비중이고 나머지 C, D, E는 각자 10%의 비중을 갖고 심사를 한다면 어떻게 될까? 가중치를 적용한 1번 후보의 평균 점수는 7.25다. 반면에 2번 후보의 평균점수는 8이 된다. 따라서 가중평균이 높은 2번 후보가 대상을 수상한다.

평균이 집단을 대표하지 못하는 경우도 많다. 대표적인 사례가 평균치에서 크게 벗어나서 다른 대상들과 확연히 구분되는 극단적인 아웃라이어outlier가 존재할 때다. 이때는 양 극단의 값을 제외하고 평균을 구해야 한다. 심사 위원이 점수를 매기는 운동경기에서는 양 극단을 제외하고 집계하는 게 통상적이다. 체조, 리듬체조, 다이빙, 피겨스케이트, 싱크로나이즈드 스위밍 등이 그렇다. 선수와 국적이 같거나 친분이 있는 심사 위원이 과하게 높은 점수를 준다든지, 반대로 경쟁 선수에게 지나치게 낮은 점수를 부여해서 순위에 영향을 주는 걸 막으려는 의도다.

이렇게 극단의 수치를 제외하고 평균을 계산하는 방식은 절사평균切捨平均, trimmed mean이라 한다. 예컨대 10% 절사평균이라 하면 상위 10%와 하위 10%의 값을 제외한 데이터의 평균값을 말한다. 스포츠 경기에서는 일반적으로 12명의 심판이 채점한 점수 가운데 가

계산법에 따라 달라지는 오디션 우승자

*채점표

	심사 위원 A	심사 위원 B	심사 위원 C	심사 위원 D	심사 위원 E
1번 후보	8	5	9	10	8
2번 후보	10	8	5	6	6

◆ 산술평균: 데이터를 모두 더한 값을 데이터의 수로 나누어 구한 평균값

1번 후보: $(8+5+9+10+8) \div 5 = 40 \div 5 = 8$

2번 후보: $(10+8+5+6+6) \div 5 = 35 \div 5 = 7$

◆ 가중평균: 데이터의 중요성에 따라 가중치를 두어 구한 평균값

(A와 B 각 35%, C, D, E 각 10% 가중치 적용)

1번 후보: $8 \times 0.35 + 5 \times 0.35 + 9 \times 0.1 + 10 \times 0.1 + 8 \times 0.1 = 7.25$

2번 후보: $10 \times 0.35 + 8 \times 0.35 + 5 \times 0.1 + 6 \times 0.1 + 6 \times 0.1 = 8$

◆ 절사평균: 극단의 수치를 제외하고 구한 평균값

(20% 절사평균)

1번 후보: $(8+9+8) \div 3 = 25 \div 3 = 8.3$

2번 후보: $(8+6+6) \div 3 = 20 \div 3 = 6.7$

장 높은 점수와 가장 낮은 점수를 제외하고 평균을 계산한다. 데이터의 양 극단에서 각각 1개를 제외하므로 8.3%(1/12 = 0.083)를 절사했다는 의미로 8.3% 절사평균이라고 한다.[4] 앞에서 예로 사용한 오디션 점수로 절사평균을 계산해 보자. 가장 낮은 점수 5와 가장 높은 점수 10을 제외하면 1번 후보의 20%(1/5 = 0.2) 절사평균은 8.3이고, 2번 후보의 20% 절사평균은 6.7이다. 고르게 점수를 받은 1번 후보가 대상을 받는다.

2014년 소치 동계올림픽 피겨스케이팅에서 금메달이 유력했던 김연아 선수가 러시아의 아델리나 소트니코바에게 금메달을 뺏겼을 때 채점의 공정성이 크게 문제되었다. 당시 국제빙상연맹ISU은 최고점과 최저점을 제외한 평균으로 산정했다면서 공정성에 문제가 없다고 주장했다. 절사평균을 적용해서 편파적인 점수를 제외해 공정한 결과라는 항변이었다. 하지만 당시 심판 8명 가운데 4명이 러시아와 친러시아 국가의 심판이었다. 최저 점수와 최고 점수 하나씩을 제외하더라도 불공정을 해소하기 어려웠다.

　　최근에는 경쟁 입사시험에서 일부 면접 위원들이 특정인에게는 만점을 주고 다른 유력한 경쟁자들에게는 0점을 준 불공정한 면접 채용 사례가 발각됐다. 미리 점지한 특정인을 합격시키려는 꼼수다. 만일 면접 점수를 절사평균으로 계산했다면 이런 불공정한 선발은 방지할 수 있었을 것이다. 하지만 절사평균을 사용하기 위해서는 심사 위원 수가 많아야 한다. 만일 심사 위원이 3명인데 최고점과 최저점을 제외하면 단 1명의 심사 위원 점수만으로 순위를 결정하는 불합리한 결과가 된다.

　　산술평균을 잘못 사용하는 경우도 많다. 가장 흔한 잘못은 기하평균을 사용해야 할 때 산술평균을 사용하는 일이다. "재작년에 우리 기업 매출이 20% 증가하고 작년에 5% 증가했으니까 최근 2년간 우리 회사 매출은 평균 12.5%[(20%+5%)/2] 증가했다."고 말하면 평균을 잘못 사용한 것이다. 증가율의 평균을 계산할 때는 반드시 산술평균이 아닌 기하평균을 사용해야 한다. 기하평균으로 구한 증

산술평균, 기하평균, 조화평균 구하는 공식

◆ 산술평균은 데이터를 모두 더한 값을 데이터의 수로 나눠 구한다. $\dfrac{A+B}{2}$

◆ 기하평균은 증가율의 평균을 구할 때 제곱근을 이용해 구한다. $\sqrt{A \times B}$

◆ 조화평균은 평균 속도를 구할 때 다음 공식을 사용해 구한다. $\dfrac{2(A \times B)}{A+B}$

가율은 12.2%다.[5] 예를 들어 당신의 펀드 매니저가 "작년에 주식 수익률이 50%고 금년에는 마이너스 50%였으므로 2년 동안의 평균 수익률은 0%입니다."라고 하면 이 또한 당신을 속인 것이다. 올바른 평균 수익률은 마이너스 13.4%다.[6]

산술평균과 기하평균을 언급했으니까 조화평균도 살펴보자. 조화평균은 평소에 사용할 기회가 별로 없어서 학교 수업에서만 주로 다룬다. 가장 많이 이용하는 경우가 '평균속도'를 계산할 때다. 가령 한라산 백록담 등반을 하는데 오를 때는 시속 4km로 걸었고, 같은 코스를 내려올 때는 시속 3km의 속도로 걸었다면 평균속도는 얼마일까?[7] 산술평균인 3.5km가 아니다. 왜냐하면 올라갈 때와 내려올 때 속도가 다르고, 올라갈 때와 내려갈 때 걸린 시간이 다르기 때문이다. 시속 3km로 걷는 시간이 4km로 걷는 시간보다 길다. 만일 한라산 등반에서 처음 4시간을 시속 4km로 걷고 후반 4시간을 시속 3km로 걸었다면 평균속도는 산술평균인 3.5km다. 하지만 같은 거리를 다른 속도로 걷는 경우에는 느린 속도로 걷는 시간이 더 길기 때문에 평균속도는 3.5km보다 느리다. 이 경우에는 조화평균으로 평균속도를 구해야 하며 그 값은 3.43km다.[8]

'평균의 평균'이 빠지기 쉬운 함정

한 가전회사가 동북아와 북미 가운데 한 지역에 신규로 생산 공장을 지으려고 한다. 어디가 더 적당할까? 한국, 일본, 중국의 동북아 시장과 미국, 캐나다, 멕시코로 구성된 북미 시장의 수요 잠재력을 비교하면 된다. 그리고 두 지역의 수요 잠재력은 각 지역의 소득 수준을 알면 추정이 가능하다. 1인당 국민소득이 한국 2만 4,000달러, 중국 8,000달러, 일본 3만 달러라고 하면, 한·중·일 3국의 단순평균 소득은 2만 달러 수준이다. 북미 지역은 미국 3만 2,000달러, 캐나다 2만 6,000달러, 멕시코 1만 달러라고 하면, 이들 3국의 단순평균 소득은 2만 달러다. 이렇게 구한 단순평균으로 동북아 3국과 북미 3국의 국민소득 수준이 같다고 할 수 있을까?

각국의 1인당 국민소득은 평균 소득인데 단순평균 방식으로 평균 소득을 구한 게 잘못이다. 동북아 3국의 경우에 소득이 낮은 중국의 인구수는 한국이나 일본에 비해 훨씬 많지만 평균을 구할 때에는 고려하지 않았다. 이로 인해서 동북아 3국의 단순평균 소득은 과대평가되었다. 반면에 북미 3국의 경우 소득이 높은 미국의 인구수가 상대적으로 많지만 이를 고려하지 않고 평균을 구했기 때문에 과소평가된 결과를 초래했다. 따라서 각국의 인구 규모를 감안한 가중평균 소득을 구해야 한다.

'평균의 평균'을 계산할 때, 어떻게 계산해야 왜곡이 없을까?

동북아 3국(한국, 중국, 일본)과 북미 3국(미국, 캐나다, 멕시코)의 1인당 국민소득을 계산해 보면 인구수 반영 여부에 따라 평균값의 차가 크다. '평균의 평균'을 구할 때는 그 평균값이 전체에서 차지하는 비중을 계산에 반영해야 한다.

◆ 단순 산술평균으로 계산한 국민소득

동북아 (24,000＋8,000＋30,000)÷3＝20,666달러

북미 (32,000＋26,000＋10,000)÷3＝22,666달러

◆ 인구수를 고려한 가중평균 국민소득

동북아 (24,000×0.55＋8,000×16＋30,000×1.2)÷(0.55＋16＋1.2)
＝9,983달러

북미 (32,000×3.3＋26,000×0.4＋10,000×1.3)÷(3.3＋0.4＋1.3)
＝25,544달러

인구수를 고려한 가중평균 소득을 구해 보자. 한국의 인구는 0.55억 명, 중국은 16억 명, 일본은 1.2억 명으로 계산하면 가중평균 소득은 9,983달러다. 반면에 북미 지역은 미국 3.3억 명, 캐나다 0.4억 명, 멕시코 1.3억 명이므로 평균 소득은 2만 5,544달러다. 북미 3국의 가중평균 소득이 동북아 3국에 비해서 월등히 높다는 결론에 이른다. 이 회사는 단순평균 소득이 아닌 가중평균 소득으로 수요 잠재력을 비교해야 한다. 그래야만 고가의 신제품 생산 공장이라면 북미 지역에 짓고, 제2의 저가 구형모델 생산 공장이라면 동북아에 짓는다는 식의 합리적 결론에 이를 수 있다.

평균이 보여 주지 않는 '차이와 위험'

어느 대학 졸업자 K씨는 두 개의 회사에 지원하고 입사 제안을 받았다. 두 회사의 연봉을 따져 보고 최종 선택하기로 했다. A회사 전직원의 평균 연봉은 3,000만 원이고 B회사 전직원의 평균 연봉은 4,000만 원이므로 청년 K씨는 망설임 없이 B회사를 선택했다. 적절한 선택이었을까? 만일 K씨가 짧은 기간 일할 회사를 찾는다면 평균 연봉은 의미가 없다. 오히려 초임이 중요하다. 초임이 높은 회사를 선택하는 편이 경제적으로 이득이다. 이와 달리 평생직장을 찾는다면 평균 연봉이 좋은 선택 기준이 될 것이다. 따라서 평균 연봉이 높은 B회사가 더 나은 선택이 된다.

사실 평균은 우리 상상 속에만 존재한다. 평균인, 평균 소득 등이 실제로는 존재하지 않는다. 이러한 평균만 보고 의사 결정을 하면 위험할 수도 있다. 평균은 데이터의 특성을 어느 정도는 잡아내지만 데이터를 단순화하다 보니 중요한 특성을 무시하는 오류를 범하기 쉽다. 정보를 간결하고 깔끔하게 함축한 통계인 평균 안에는 수많은 함정이 도사리고 있다. 경우에 따라서는 단순무식하게 정보를 뭉뚱그려서 불량 통계를 제공할 위험도 있다. 그 가운데 가장 위험한 점은 데이터 내의 다양성에 침묵한다는 사실이다. 데이터 사이의 차이점이 평균 못지않게 중요한 경우가 있다. 평균에만 매몰되면 소득의 불평등, 임금의 격차, 지역 간 불균형 등을 놓칠 위험성이 크다.

회사 선택을 고민 중인 청년 K씨의 사례를 조금 더 살펴보자. A회사와 B회사에는 직원이 각각 10명씩 재직한다. 그들의 연봉을

구직 중인 K씨는 어느 회사를 지원하는 것이 더 유리할까?

◆ A회사 직원 10명 연봉

(만 원)

직원	1	2	3	4	5	6	7	8	9	10
연봉	1,500	2,000	2,000	3,000	3,000	3,000	4,000	4,000	4,500	6,000

– 평균 연봉: 3,000만 원
– 최저 임금과 최고 임금 편차: 4,500만 원

◆ B회사 직원 10명 연봉

(만 원)

직원	1	2	3	4	5	6	7	8	9	10
연봉	1,000	1,000	1,000	1,000	1,000	1,000	2,000	2,000	2,000	28,000

– 평균 연봉: 4,000만 원
– 최저 임금과 최고 임금 편차: 27,000만 원

평균 연봉은 B회사가 높지만, 편차는 A회사가 작다. 평균만 보았다면 놓칠 수 있는 중요한 정보다.

위에 있는 박스에 모두 담았다. A회사 직원의 연봉은 상대적으로 편차가 작다. 반면에 B회사의 연봉은 편차가 크다. B회사의 대부분 직원의 연봉은 A회사보다 낮지만 최고위 직원 단 한 사람의 임금만 예외적으로 높다. 이 때문에 B회사의 평균 연봉이 A회사보다 높게 나왔다.

상세한 정보를 알고 나면 어느 회사를 선택할까? 평균 연봉이 높은 B회사를 선뜻 선택하기 어렵다. 재직하는 동안 낮은 임금을 감수하다가 마지막에 최고위직에 올라서 높은 연봉을 받을 기대를 갖고 살 것인가? 꾸준히 상대적으로 연봉이 올라가는 A회사를 선택하는 편이 더 안전할 것인가? 만일 B회사의 최고위직은 항상 소유주의 친인척이 차지해서 다른 사람은 갈 수 없는 자리라면 A회사가 더 나은 선택이 될 수 있다. 이처럼 평균은 서로 다른 여러 정보를 모두 제공하지 못하는 한계를 가진다.

또 다른 예를 보자. 투자처를 고민하고 있다고 가정하자. A펀드와 B펀드는 모두 5%의 기대수익률을 제시한다. 그런데 A펀드는 주가지수가 3,000을 넘으면 100% 수익을 주지만, 3,000에 미달하면 손실이 90%다. 반면에 B펀드는 주가지수가 목표치 3,000을 넘으면 10%, 그렇지 못하면 0%의 수익을 준다. 어느 펀드를 선택할 것인가? 주가지수가 3,000을 넘을 확률이 50%라고 하면 두 펀드 모두 기대수익률은 5%다. 하지만 선택한 펀드에 따라서 결과는 전혀 다르다. A펀드에 투자하면 대박이 날 수도 있지만 쪽박을 찰 수도 있다. 반대로 B펀드에 투자하면 대박을 터트리지는 못하지만 쪽박을 찰 염려는 없다.

위의 사례에서 보듯이 평균 수익률 못지않게 수익률의 변동 폭도 중요한 정보다. 변동 폭을 통계학에서는 '분산分散, variance'으로 나타낸다. 계산법을 알아보자. 각각의 데이터가 평균으로부터 떨어져 있는 정도를 편차라고 한다. 평균보다 작은 데이터의 편차는 마이너스 숫자가 되고 평균보다 큰 데이터의 편차는 플러스 숫자가 된다. 이런 편차들을 모두 합하면 0이다. 왜냐하면 처음부터 평균은 모든 데이터와의 편차의 합이 0이 되도록 계산된 통계량이기 때문이다. 이런 특성 때문에 편차들을 제곱해서 모두 합한 다음에 데이터의 개수로 나눈 평균값으로 변동폭을 측정한다. 이 통계치를 분산이라 한다. 이러한 분산에 제곱근 값을 구하면 '표준편차標準偏差, standard deviation'가 된다.

보통 평균 수익률이 같으면 분산이나 표준편차가 작은 쪽이 바람직하다. 분산이나 표준편차가 작다는 사실은 그만큼 투자가 안전하다는 의미이기 때문이다. 하지만 수익률은 높으면서 안전한 투자처는 만나기 어렵다. 위험을 감수하지 않고 높은 대가를 얻을 수는 없다. 그래서 높은 위험을 감수해야지 높은 수익을 얻을 수 있다는 '고위험·고수익' 법칙이 나온다. 안전한 은행 예금 대신에 주식 투자를 선택하면 높은 위험 부담을 지는 동시에 높은 수익도 기대해 볼 수 있다. 물론 높은 수익을 얻는다는 확실한 보장은 없다.

평균과 분산의 문제는 경제 성장 전략을 추진할 때도 면밀하게 살펴야 하는 지점이다. 국민소득에서 평균은 1인당 국민소득이고, 분산은 소득 분배의 불평등 정도다. 1인당 국민소득이라는 평균에 몰입해서 이를 절대 목표로 삼는다면 의도했든 그렇지 않든 불평등한 분배에 눈 감는 과오를 범하게 된다.

이런 예를 보자. A국가와 B국가는 1인당 국민소득이 같다. 그렇다면 두 나라 국민이 누리는 생활수준은 비슷할까? 만일 A국가는 대다수 국민이 비슷한 국민소득을 얻는 반면에 B국가는 소수의 특권층에 소득이 집중되었다면 일반 국민의 생활수준은 A국가가 B

국가보다 나을 것이다. 성장 못지않게 불평등을 줄이는 일 또한 중요하다. 따라서 1인당 국민소득과 소득 분배 지표를 함께 살펴야 한다. 우리가 평균이라는 통계에만 매몰되지 말아야 할 이유다.

평균을 대신할 대푯값

평균이 데이터를 대표하지 못하는 경우도 많다. 그 대안은 무엇일까? 평균보다 더 좋은, 대표성을 갖는 통계는 없을까? 앞서 든 예에서 극단적인 값이 존재할 때 평균은 데이터를 대표하기 어렵다고 했다. 소득이나 자산 통계가 그런 경우다. 글로벌 부동산 컨설팅 기업 나이트프랭크는 '자산 보고서 2021'에서 슈퍼리치를 3,000만 달러 이상의 재산을 가진 사람들이라고 정의했다. 2020년 기준으로 미국에는 18만 명, 중국은 7만 명, 독일은 2만 8,000명, 한국은 7,400명 정도라고 한다.[9] 슈퍼리치가 포함되어 있는 1인당 평균 소득으로는 한 나라 국민의 소득이나 재산을 대표하기 어렵다. 그런 경우에 사용할 수 있는 통계가 '중앙값'이다. 슈퍼리치를 포함하는 소득이나 자산의 대푯값은 평균보다 중앙값이 더 유용한 지표가 될 수 있다.

중앙값은 모든 데이터를 크기 순서로 나열했을 때 맨 중앙에 위치하는 값이다.[10] 중앙값은 평균과 달리 극단적인 값에 민감하지 않다는 게 큰 장점이다. 중앙값은 데이터를 딱 절반으로 나누는 값이다. 데이터의 반은 중앙값보다 크고 나머지 절반은 중앙값보다 작다. 소득에 있어서는 중앙값이 되는 소득을 중위소득이라고 한다.

국민소득이 불평등하게 분배되면서, 특히 초고소득층은 소수고 저소득층은 다수인 상황이 되면서 평균 소득에 비해 중위소득이 작고 그 격차가 갈수록 벌어지고 있다. 심지어는 평균 소득이 증가하는데 중위소득은 감소하는 현상도 벌어진다. 데이터 분포가 한쪽으로 치우칠 때는 평균값보다 중앙값이 더 적절한 대푯값이다.

2021년 우리나라 4인 가구의 월평균 소득은 709만 원이었다. 그런데 중위소득은 이보다 훨씬 적은 488만 원이었다. 정부는 매년 중위소득을 발표하는데 이를 '기준 중위소득'이라고 한다. 이는 가구 구성 인원을 감안해서 1인 가구, 2인 가구, 3인 가구 등과 같이 가구별 인원을 기준으로 발표한다. 기준 중위소득은 정부의 각종 보조금 지급의 기준이 된다. 기초생활보장제도에 의하면 기준 중위소득의 30% 이하면 생계급여, 40% 이하면 의료급여, 45% 이하면 주거급여, 50% 이하면 교육급여를 받는다.

데이터를 대표하는 또 다른 통계는 최빈값이다. 데이터에서 빈도가 가장 높은 값으로 전형적인 스테레오 타입을 나타낸다. 가령 '한국의 샐러리맨'을 기술한다고 해 보자. "자녀 1명을 둔 기혼의 남성으로 20평대 서울 근교 아파트에서 전세를 산다. 출퇴근은 버스나 전철로 1시간 이상 소요된다." 2022년 출범한 '윤석열 정부'가 발탁한 인사의 특징으로 '서울 출신 60대 남자'가 많아 '서육남'이라고 줄여 부르는 보도가 있었다. 이 역시 최빈값의 사례다.

부득이하게 최빈값을 사용할 수밖에 없는 경우도 있다. 숫자가 아닌 데이터(정량적 데이터에 대비해서 이를 정성적 데이터라고 한다.)는 평균

값이나 중앙값을 구할 수 없다. 이때는 최빈값이 데이터를 대표할 수밖에 없다. 예를 들면 50명의 부서 직원에게 물어보고 회식 날짜를 잡는 경우다. 월요일 3명, 화요일 10명, 수요일 6명, 목요일 23명, 금요일 8명 각각 선택했다면 목요일이 최빈값이다.

최빈값의 또 다른 사례를 보자. 프로 야구 선수를 꿈꾸는 아들을 둔 학부모에게 "프로 야구 선수가 되면 연봉이 얼마인가요?"라는 질문을 받았다고 가정해 보자. 대답은 세 가지다. 첫째는 모든 프로 야구 선수들의 연봉을 합해서 선수 수로 나눈 평균 연봉을 말할 수 있다. 둘째는 프로 야구 선수들의 연봉을 크기 순서대로 나열해서 중앙값을 말하는 방법이다. 그런데 질문의 의도는 대부분의 프로 야구 선수가 받는 연봉이 얼마인지를 묻는 것이므로 가장 많은 선수들이 받는 연봉을 제시하면 된다. 최빈값을 제시하는 것이 세 번째로 가능한 답이다.

일부 특급 선수들은 억대 연봉을 받지만 신인을 포함한 프로 야구 선수들의 25% 정도는 최저 연봉인 3,000만 원(2021년 기준)을 받는 것으로 알려져 있다. 극소수의 고액 연봉을 포함해 계산한 평균 연봉보다는 선수들의 25%가 받는 최빈값이 프로 야구 지망생에게는 더 적절한 대푯값이다.

미국 프로 야구에서는 연봉 협상을 둘러싼 선수들의 파업으로 1994년 월드 시리즈가 취소되었다. 구단 측에서는 "평균 연봉이 120만 달러인 선수들이 연봉 인상을 요구한다."면서 선수들을 비판했고, 여론도 선수들에게 불리하게 돌아가자 결국 연봉은 동결되었다. 그런데 대다수 선수들의 연봉인 최빈값은 30만 달러였고, 중앙값은 40만 달러에 불과했다. 선수 노조 입장에서 "대다수 선수들은 30만 달러를 받는다."라고 주장하며 여론전을 펼쳤다면 임금 인상을 관철시킬 수도 있었다.[11] 이렇게 사람들은 여러 대푯값 가운데 자신의 주장에 유리한 개념을 선택해서 쓸 때가 많다.

퍼센티지의
마술

퍼센티지가 알려 주는 정보

많은 사람들이 통계라는 사실조차 깨닫지 못하지만, 일상생활에서 평균만큼이나 흔하게 접하는 통계가 있다. 바로 퍼센티지percentage다. 퍼센트per cent 또는 프로pro(네덜란드어 procent에서 유래했다.)라고도 한다. 우리말로는 백분율百分率이다. 전체를 100으로 볼 때 그중 얼마나 되는가를 나타낸다. 기호는 '%'이다. 앞서 살펴본 평균은 집단의 대표성을 절댓값으로 표시하는 통계다. 반면에 퍼센티지는 집단의 특성을 상대적인 비율로 표시하는 통계다.

2020년 경기도의 인구는 2019년과 비교해 18만 7,000명 증가했고, 세종시의 인구는 1만 5,000명 증가했다. 경기도 인구 증가는 세종시의 12배에 달하는 규모다. 그렇다면 인구 증가 규모로 경기도가 세종시보다 주택이나 교통에 더 심각한 압력이 생길 거라고 말할 수 있을까? 인구 증가 규모만으로는 결론지을 수 없다. 2020년 인구를 비교하면 경기도는 1,324만 7,000명, 세종시는 35만 6,000명으로 차이가 크다. 그런데 증가율을 계산해 보면 경기도의 인구 증가율은 1.4%이고 세종시의 인구 증가율은 4.4%이다. 따라서 인구 증가로 인한 주택과 교통 압력은 세종시가 더 클 것으로 예상할 수 있다.

다른 예를 하나 더 들어보자. A학교에는 영어 모의고사에서 80점 이상 받은 학생이 240명이고 B학교에는 120명이다. 이 결과로 볼 때 A학교 학생들이 B학교 학생들보다 영어 모의고사 성적이 더 우수하다고 할 수 있을까? 맞을 수도 있고 틀릴 수도 있다. A학교와 B학교의 학생 수가 모두 800명이라면 A학교가 더 우수하다고 할 수 있다. 하지만 A학교 학생 수가 1,000명이고 B학교 학생 수가 240명이라면 결론이 달라진다. A학교에서는 24%가 80점 이상을 받은 데 반해서 B학교에서는 50%가 80점 이상을 받았다. B학교가 더 우수한 성적을 거둔 결과로 해석된다. 이런 경우에 80점 이상의 성적을 받은 학생을 퍼센티지로 표시하면 두 학교의 성적을 비교하는 데 용이하다.

이처럼 퍼센티지는 서로 다른 구성 요소의 상대적 크기라든지 시간 경과에 따른 변화를 표시하기에 적합하다. 예를 들면 물가상승률, 인구증가율, 매출증가율, 실업률, 수익률 등은 퍼센티지로 표시한다. '상댓값'이라는 특징이 퍼센티지의 강력한 힘이다. 절댓값만으로는 알 수 없는 추가 정보까지 제공하기 때문이다.

　가령 남녀공학인 학교가 있는데 남녀 학생의 구성을 알고 싶다고 하자. 전체 학생 가운데 남학생 비율이 40%라고 하면, 우리는 자연스레 여학생 비율은 60%라는 사실과 학교의 성별 구성까지 알 수 있다. 대신 남학생이 200명이라고 말하면 전체 학생 수를 알기 전에는 여학생 수도 남녀 학생 비율도 알 수 없다. 한편 올해 그 학교의 총 학생 수가 작년에 비해서 20% 증가했다고 하면 이를 통해서 우리는 작년과 올해 학생 규모를 알 수 있다. 작년 학생 수가 500명이었다면 올해 학생 수는 600명이다. 퍼센티지는 상대적인 크기 또는 상대적인 변화를 간결하게 표현하는 장점을 지닌다.

　퍼센티지만이 할 수 있는 기능도 있다. 확률을 언급할 때다.[12] 주말에 비가 올 확률, 크리스마스에 눈이 올 확률, 한·일전 축구에서 한국 팀이 승리할 확률, 펀드 수익률이 5%를 넘을 확률 등이다. 이러한 확률은 미래를 예측해서 최선의 선택을 할 수 있게 돕는다. 비가 올 확률이 5%라면 출근길에 귀찮게 우산을 가져가지 않는 편이 낫다. 하지만 비 올 확률이 80%라면 반드시 우산을 챙겨야 한다. "남태평양에서 부는 남동풍의 영향으로 한때 국지성 호우가 예상됩니다."라는 일기예보보다 "비 올 확률은 60%입니다."라는 짤막한 멘트가 더 선명한 정보를 제공한다.

　상황을 이해할 때 다른 대상과 비교하면서 보면 수월하다. 확률은 해당 사건을 모든 가능한 사건과 비교한다. 변화율이란 비교 시점과 현재 시점 사이의 차이를 나타낸다. 야구 선수의 경우에 타자라면 타율이 선수의 실력을 증명한다. 야구 해설자는 타자의 키, 팔과 어깨의 힘, 반응 속도 등을 설명하지 않아도 된다. '3할 3푼 5리'라고 하는 타율로 그 선수의 실력은 짐작하고도 남는다. 경제성장률도 마찬가지다. 한 해 동안 경제에서 무슨 일이 있었는지를 자세하게 설명하지 않아도 된다. '경제성장률 8.8%'라는 통계가 경제 상황을 대변한다. 회사도 마찬가지다. '매출액 200% 성장'이라는 통계는 투자자를 환호하게 만든다. 이렇게 퍼센티지는 유용한 정보를 하나의 숫자로 압축해 전달하는 힘이 있다.

퍼센티지를 이용한 과장

"2019년 미국에서 상어가 사람을 공격한 건수가 2018년 대비해 28% 증가했다."

이 기사를 접한 미국인들은 충격을 받았고 부모들이 자녀의 바다 수영과 서핑을 말리는 소동이 벌어졌다. 신문의 정보는 믿을 만한 것이었을까? 사실은 이렇다. 상어의 공격 건수가 32건에서 41건으로 단지 9건 증가했다. 더군다나 미국 전역에서 상어의 공격으로 목숨을 잃은 경우는 전무했다. 화젯거리를 좋아하는 독자들에게는 상대적 변화를 보여 주는 편이 절대적 변화를 보여 주는 것보다 효과가 크다. 다시 말해 "상어 공격 28% 증가"라는 기사가 "상어 공격 9건 증가"보다 더 큰 관심을 끌 수 있다. 전 세계에서 2010년에 상어의 공격으로 목숨을 잃은 사람은 6명이었고 2011년에는 12명이었다.[13] 신문이 이를 "상어 공격 사망자 두 배 증가"라고 기사를 쓰면 사람들은 불안해한다. 하지만 실제로는 6명이 증가했을 뿐이다. 전 세계를 통틀어서 말이다.

짧은 글로 정보를 압축해서 전달하는 신문은 퍼센티지를 활용하는 경우가 많다. 다만 퍼센티지 사용이 정보 전달에 큰 효과를 낼 때도 있지만, 오히려 혼란을 줄 때도 있다는 점을 상기해야 한다.

위험의 증가 정도는 상대적 위험이 아닌 절대적 위험으로 비교하는 것이 현실을 정확하게 판단하는 데 도움이 된다. 마찬가지로 약효, 건강 개선, 사고 감소 등 위험 감소의 효과도 상대적 위험이 아닌 절대적 위험으로 비교하는 편이 올바른 판단에 유리하다.

코로나19 통계도 퍼센티지로 현실을 오도하는 경우가 많다. 국내 어느 일간지는 2020년 11월 22일자에서 'K방역의 치욕'이라는 제목으로 이런 보도를 했다. "2020년 11월 13~21일 기간 동안에 미국의 신규 확진자는 200%, 신규 사망자는 49% 증가한 데 비해서 같

코로나19 확진자와 사망자 수치 변화, 어떤 쪽이 더 위험할까?

◆ 퍼센티지로 뒤바뀐 미국과 한국의 코로나19 위험도
(2020년 11월 13일부터 21일까지의 변화 기준)

		2020.11.13	2020.11.21	증가수	증가율
신규 확진자	미국	160,000	480,000	320,000	200%
	한국	191	926	735	385%
신규 사망자	미국	1,840	2,700	860	49%
	한국	1	24	23	2,300%

은 기간에 한국의 신규 확진자는 385%, 신규 사망자는 2,300% 증가했다." 마치 코로나19가 미국에 비해 한국에서 훨씬 심각한 문제인 듯 보인다. 하지만 실제 숫자를 보면 상황은 정반대다. 미국의 신규 확진자는 16만 명에서 48만 명으로, 신규 사망자는 1,840명에서 2,700명으로 증가했다. 반면에 한국의 신규 확진자는 191명에서 926명으로, 신규 사망자는 1명에서 24명으로 증가했다. 실제 숫자를 보면 누구도 한국의 상황이 더 나쁘다고 얘기할 수 없다. 퍼센티지로 표현한 위험도가 실제 상황을 정반대로 전달했다.

1월 물가상승률이 0.2%이고 2월 물가상승률이 0.8%라고 하자. 이런 상황을 "2월 물가상승률은 1월에 비해서 400% 상승했다."라고 보도한다. 400%라는 수치는 물가 상승이 심각하다는 인상을 준다. 하지만 같은 상황을 "2월 물가상승률은 1월에 비해서 0.6% 포인트 상승했다."라고 할 수도 있다. 보통 부정적인 위험도를 경고할 때는 퍼센티지 포인트보다는 퍼센티지로 표기해서 과장한다. 정책이나 신약의 긍정적인 효과를 부풀려 강조할 때도 퍼센티지를 사용한다. 퍼센티지와 퍼센티지 포인트의 차이에 대해 좀 더 알아보자.

퍼센티지의 변화율을 이용한 눈속임

"2022년 1/4분기 아파트 가격 상승률이 80% 감소했다."는 신문기사를 보면 무슨 생각이 들까? 언뜻 '아, 치솟던 아파트 가격이 잡히는구나.' 하는 막연한 안도감이 든다. 여당은 안도의 한숨을 쉬고, 야당은 공격거리를 잃었다며 실망에 빠질 것이다.

하지만 자세히 들여다보면 앞의 기사는 모호한 게 한두 가지가 아니다. 올바른 정보를 전달하는 기사와는 다르다. 제대로 된 부동산 가격 기사는 "2022년 1/4분기에 아파트 가격이 전 분기 대비해서 1.67% 상승했다."고 보도한다. 적절한 정보를 전하려면 아파트 '가격의 변화', 즉 '가격 상승률'을 알려주어야 하는데, 앞서 본 기사는 이는 언급하지 않는다. 대신에 아파트 '가격 상승률이 감소'했다는 '가격 상승률의 변화율'을 언급하고 있다. 퍼센티지(가격 상승률)의 퍼센티지(변화율)만을 알려 준다. 부동산 가격 등락에는 모두 큰 관심을 갖는다. 자기 집을 장만하려는 수요자도 그렇지만 부동산 가격을 잡으려는 정책 당국도 부동산 가격 동향에 민감하다. 정치 측면에서도 정권의 운명을 좌우할 수 있는 핫 이슈다. 앞에서 인용한 신문기사는 정책 당국의 보도자료에 의존해 2022년 1/4분기 아파트 가격 상승률은 생략한 채 가격 상승률의 변화율만 설명함으로써 정책 실패를 감추고 있다.

이 기사에서 왜곡된 정보는 또 있다. 비교 기간이다. 원칙적으로 아파트 가격 상승률은 바로 전 기간 말 대비 가격의 변화를 의미한다. 다시 말해서 전월 대비, 전 분기 대비, 전년 대비 등으로 계산한다. 2022년 1/4분기 가격 상승률은 2021년 12월 31일 가격과 대비해서 2022년 3월 31일 가격이 얼마나 올랐는지를 나타낸다. 그런데 이 기사는 원칙을 깨고 비교 기간을 바로 직전 2021년 4/4분기가 아닌 2021년 1/4분기를 사용했다.

왜 이런 왜곡된 기사가 나오게 되었을까? 정부는 어떻게든 아파트 가격이 진정되고 있다고 통계로 보여 주고 싶은데 실제 데이터는 그렇지 못했다. 2022년 1/4분기 아파트 가격 상승률은 1.67%였다. 1.67%는 직전 2021년 4/4분기 상승률 1.22%보다 더 높다. 가격 상승 속도가 더 가팔라졌다. 부동산 가격 잡기에 혼신의 힘을 다했던 정부는 난감했을 테다. 그러다 아파트 가격이 역대 최고로 폭등한 2021년 1/4분기 상승률 9.76%에 비해서는 82.8%(변화율은 '(변화 후 수치−변화 전 수치)/변화 전 수치'로 구한다. (1.67−9.76)/1.67 = 82.8%다.) 낮아졌다는 사실을 발견했다. 그래서 보도자료의 제목을 이렇게 달았다. "2022년 1/4분기 아파트 가격 상승률 약 80% 감소". 정부가 5년 동안 28차례 부동산 대책을 낼 만큼 가격 안정책을 들이댔으니 아파트 가격 데이터가 프로크루스테스의 침대에서 입맛대로 재단되는 건 이상하지도 않다.

퍼센티지의 변화는 '퍼센티지의 퍼센티지' 대신에 '퍼센티지 포인트'로 표시한다. 2022년 들어서 인플레이션을 우려한 금융 긴축 정책으로 대출 금리가 가파르게 올랐다. 2021년 12월 말에 2.0% 하던 금리가 2022년 5월 말에는 3.0%로 상승했다. 이를 두고 한 신문은 "금리가 5개월 만에 50% 상승했다."라고 보도했다. 물론 틀린 건 아니다. 하지만 "금리가 1.0% 포인트 상승했다."라는 표현이 더 적절하다. 이보다 더 알기 쉽고 적절한 표현은 "금리, 1.0% 포인트 상승한 3.0%"라고 하는 것이다. 이자율의 변화분 뿐만 아니라 변화 후의 이자율 수준까지 알려주는 것이 좋다.

퍼센티지의 속임수에 속지 않기

연말이면 '50% 할인에 추가 30% 할인'과 같은 매력적인 할인 광고가 눈길을 사로잡는다. 소비자들은 "우와! 50%에 30%까지 더해서 80% 할인을 받겠구나."라고 기대한다. 광고에 혹한 고객은 10만 원에서 80%를 할인한 2만 원에 물건을 구입하리라 생각하며 매장으로 간다. 하지만 매장에 가면 할인 판매 가격은 3만 5,000원이다. 왜 2만 원이 아니냐고 물으면 점원은 "정가 10만 원을 50% 할인하면 5만 원이고, 5만 원을 30% 추가로 할인하면 3만 5,000원입니다."라고 설명한다. 맞는 말이다. 하지만 고객은 속았다는 감정이 들 수밖에 없다. 그러므로 '50% 할인＋50% 할인'이라는 광고를 보고 공짜라고 오해하지 말기를 바란다. 할인율은 75%일뿐이다. 퍼센티지가 우리에게 친숙한 통계다 보니 이를 이용한 속임수가 많다.

퍼센티지를 이용한 또 하나의 가장 흔한 눈속임은 기준을 바꿔치기 하는 방법이다. 라면 회사가 라면 가격을 800원에서 1,000원으로 올리면서 '라면 가격 20% 인상'이라고 발표한다. 맞는 걸까? 아니다. 25% 인상이다. 변화율은 '(변화 후 가격−변화 전 가격)/변화 전 가격×100'이다. 인상폭을 줄여서 발표하려는 라면 회사가 기준이 되는 분모를 '변화 후 가격'으로 슬쩍 바꿔치기했다.

퍼센티지 계산이 애매한 경우도 있다. 초등학교 6학년인 영철이는 부모님과 약속을 했다. 중간고사 때 70점 받은 영어 점수를 올리기로 하고 목표를 100점으로 정했다. 그리고 목표를 85% 이상 성취하면 핸드폰을 사 준다는 약속을 받았다. 기말고사 성적은 85점이었다. 영철이는 85%(85점/100점)를 달성했으니까 핸드폰을 사 달라고 했다. 그런데 부모님은 목표의 50%밖에 성취하지 못했다면서 핸드폰을 사 주지 않았다. 부모님의 계산법은 이렇다. 목표는 70점에서 100점까지 30점 올리기였다. 그런데 영철이는 70점에서 85점으로 15점을 올려 목표를 50%(15점/30점)밖에 달성하지 못했다. 처음부터 85%가 목표 점수 100점의 85%인지 아니면 올릴 점수 30점의 85%인지를 정하지 않아서 일어난 문제다.

　퍼센티지를 해석할 때는 '무엇의 무엇에 대한 비율(분자와 분모)'인지를 정확하게 따져야 한다. 어느 신문에 "부부 3쌍 중 1쌍 꼴로 이혼한다."라는 기사가 실렸다. 자세히 살펴보니 전년에 10만 쌍이 결혼하고 3만 쌍이 이혼해서 이혼율이 33%라는 통계치에 근거했다. 이때 이혼율 33%를 두고서 이혼으로 인한 가정의 위기를 들먹이는 게 맞을까? 한 해 동안 이혼한 부부과 결혼한 부부의 비율이 33%라는 것과 3쌍 가운데 1쌍이 이혼한다는 것은 완전히 의미가 다르다. 우리나라의 결혼한 부부는 약 2,815만 쌍이고 이혼한 부부는 약 262만 쌍이다.[14] 따라서 "부부 11쌍 가운데 1쌍이 이혼한다."고 해야 한다.

세상을 바로 보는 힘
통계 안목

한눈에 보는 통계,
그래프와 도표

백문이 불여일견

나이팅게일은 1856년 크림전쟁 당시 이스탄불 근처 군병원의 간호 책임자였다. 이때 병원 위생을 눈에 띄게 개선했는데, 통계 수치를 도표로 요약해서 군인들이 열악한 병원의 위생 때문에 사망한다는 사실을 한눈에 보여 주었기에 가능한 일이었다. 유럽에서 콜레라가 마시는 물로 전염된다는 사실을 밝힌 인물은 존 스노우다. 그는 콜레라 발생 지점을 지도에 표시하여 콜레라가 특정한 우물을 중심으로 발생했다는 사실을 알아냈다. 이렇듯 역사에서도 데이터를 시각화해서 성공을 거둔 사례를 어렵지 않게 찾을 수 있다.

'백문이 불여일견百聞不如一見'이라고 하지 않던가. 백 번 듣는 것보다 한 번 보는 게 낫다는 의미로 시각 효과가 크다는 걸 강조하는 말이다. 데이터를 통계 숫자로 제시하기보다 시각적인 그래프나 도표로 보여 주면 메시지를 더 효율적으로 전달할 수 있다. 특히 숫자에 울렁증이 있는 사람들에게는 그림이나 표를 만들어서 시각적으로 보여 주는 게 더 확실하다.

데이터 시각화는 그래프, 차트, 맵과 같은 시각 요소를 사용해서 데이터에서 추세, 이상값, 패턴을 찾고 사람들과 수월하게 소통할 수 있게 해 준다. 빅 데이터 시대에 막대한 양의 정보를 분석하고 데이터 기반 의사 결정을 내리는 데 필수다. 주가 차트를 보면 누구나 주가 변동의 추세를 빠르게 포착할 수 있다.

하지만 마냥 편리할 듯 느껴지는 데이터의 시각화는 올바르게 사용하면 약이 되지만 잘못 사용하면 독이 된다. 흔히 사용하는 그래프만 하더라도 여러 가지가 있다. 데이터의 특성에 맞게 그래프를 선택해야 한다. 시간에 따라 변하는 데이터를 보여 주기 위해서는 〈그림 1〉 같은 '꺾은선그래프'가 적절하다. 시간 흐름에 따른 변화를 한눈에 파악하기 쉽다. 연도별 경제성장률, 연령별 평균 신장, 연도별 매출액 증가 등이 그런 통계다. 만일 개인, 그룹, 국가 비교를 위한 데이터라면 〈그림 2〉 같은 '막대그래프'가 적당하다. 남녀 사이의 성적 비교, 국가별 행복지수, 지역별 병원 수 등이 그런 통계다. 전체에서의 구성 비율을 보여 주는 통계라면 〈그림 3〉 같은 '원그래프'가 알맞다. 가령 회사 운영 비용을 그래프로 구성한다면 요인마다 그 크기를 볼 수 있고 모두 합하면 하나의 원이 되기 때문에 구성 비율을 파악하기 쉽다.

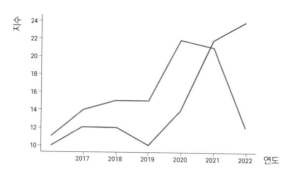

〈그림 1〉 꺾은선그래프의 예

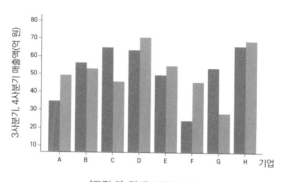

〈그림 2〉 막대그래프의 예

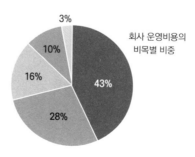

〈그림 3〉 원그래프의 예

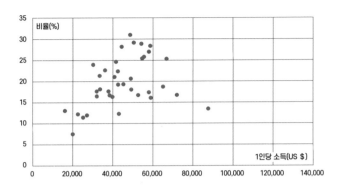

〈그림 4〉 산점도: 1인당 소득과 사회복지 지출 비율

한편 두 현상의 관계를 나타낼 때는 〈그림 4〉 같은 산점도가 적절하다. 1인당 소득과 정부 사회복지 지출의 GDP 비중 간의 양(+)의 상관관계를 한눈에 알 수 있다.

그래프를 이용한 눈속임

그래프는 데이터를 시각적으로 일목요연하게 보여 준다. 가장 자주 보는 그래프가 주가 변동 그래프다. 많은 주식 투자자가 주가 변동 그래프를 보고서 주식을 살지 팔지 결정한다. 하지만 그래프를 제대로 보지 않으면 큰 실수를 할 수 있다.

A는 2022년 4월 8일 주식시장이 마감한 뒤 주가 변동 그래프를 보고 삼성전자에 투자할지 말지를 결정하기로 했다. 그리고 최근 3개월 정도의 주가 변동 그래프를 살펴보았다. '1월 9일 종가가 78,300원이었는데 4월 8일에는 13.4% 내린 67,800원이군. 최근에

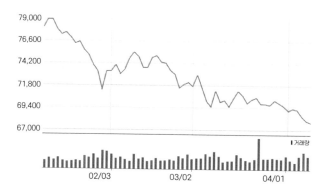

〈그림 5〉 삼성전자 주가(2022.1.9.~2022.4.8.)

주가가 대폭 하락했으니 살 때가 되었네.'라고 판단하고 주식을 사 기로 했다.

　그 다음 주 월요일 최종 매수 주문을 내기 전에 주식 투자 전문 가인 친구 B에게 주식 매수에 대한 의견을 물었다. 그러자 3분도 지 나지 않아서 B는 한 장의 그래프를 전송해 왔다.

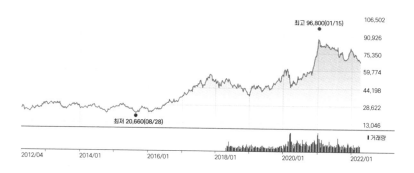

〈그림 6〉 약 10년간의 삼성전자 주가 추이(2012.4.~2022.1.)

이어서 B는 전화를 걸어 "아직 삼성전자 주가는 높은 수준"이라면서 당장 매수하지 말고 추가 하락을 기다리라고 했다. A가 처음에 살펴본 주가 그래프는 최근 3개월간 그래프였고 B가 보내 준 그래프는 최근 10년간 주가 변동 그래프였다. 두 그래프는 기간이 서로 다르고 세로축의 눈금 크기가 달랐다. 이로 인해 A의 인식도 판단도 바뀌었다.

같은 데이터라도 그래프로 어떻게 표현하느냐에 따라 다르게 보이는 일은 그리 드물지 않다. 그래프가 착시현상을 일으키는 몇 가지 사례를 보자. 남자 육상 100m 세계 기록은 1983년 캘빈 스미스가 9.93초 기록을 세운 뒤 40년 동안 0.35초 단축됐다. 현재 세계 기록 보유자는 우사인 볼트로 2009년 베를린 세계육상선수권대회에서 세운 9.58초 기록이 아직까지 깨지지 않았다. 남자 육상 100m 세계 기록 추이를 그래프로 그렸다. 〈그림 7〉의 왼쪽 그림은 기록이 빠르게 향상되고 오른쪽 그림은 더디게 향상되었다는 인상을 준다. 사실 두 그래프는 동일한 데이터를 가지고 그렸다. 다만 세로축의

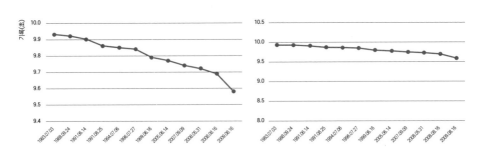

〈그림 7〉 남자 육상 100m 세계 기록 추이

세상을 바로 보는 힘
통계 안목

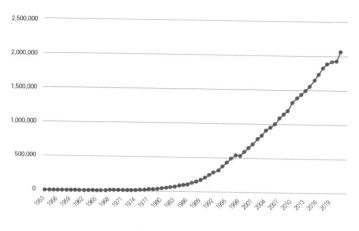

명목 GDP(원화, 10만 원)

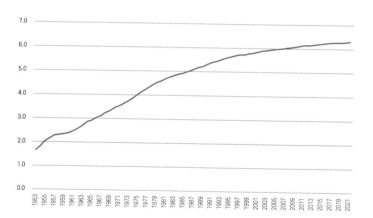

명목 GDP의 로그값

〈그림 8〉 한국의 GDP 추이[15]

눈금 척도를 달리했을 뿐이다.

그래프에서 세로축의 단위(스케일, scale)를 바꾸어야 정확한 추세를 알 수 있는 경우가 있다. 인구, GDP, 매출액 등은 기하급수적으로 증가한다. 이런 데이터는 장기간 추이를 그래프로 그려 보면 시간이 흐를수록 더 급격하게 증가하는 인상을 준다. 하지만 인구, GDP, 매출액 등의 증가 속도는 '증가폭'이 아닌 '증가율'로 알 수 있다. 1965년 우리나라의 수출액은 전해에 비해서 500만 달러 증가했다. 반면에 2021년에는 500억 달러 증가했다. 증가폭으로 보면 무려 1965년에 비해 2021년이 1만 배 크다. 하지만 수출 증가율로 보면 1965년은 200% 증가했고, 2021년에는 25.8% 증가했다.

데이터의 증가율을 알고자 하면 그래프를 그릴 때 데이터를 로그값으로 전환해서 그려야 한다. 어떤 수의 로그값은 그 수를 얻기 위해 고정된 밑수를 몇 번 곱하는지를 나타낸다. '$\log_3 81=4$'는 밑수인 3을 4번 곱하면 81을 얻을 수 있음을 나타낸다. 이런 로그값을 이용하면 증가율을 한눈에 볼 수 있다. 로그값을 사용한 그래프에서는 증가율이 일정하면 그래프 기울기가 일정하다. 증가율이 낮아지면 기울기가 완만해지고 증가율이 높아지면 기울기가 더 가팔라진다. 〈그림 8〉은 1948~2021년 동안의 우리나라 GDP를 그래프로 그린 것이다. 〈그림 8〉의 위 그래프로 보면 2000년대 들어서 우리나라의 경제가 더 빠르게 성장한 듯이 보인다. 우리나라의 고성장이 1997년 외환위기 이후로 멈추었다는 건 다들 아는 사실이다. 일종의 착시현상이다. 이를 바로잡기 위해서는 눈금을 GDP의 로그값으로 전환해 〈그림 8〉의 아래 그래프와 같이 그려야 한다. 우리 경제 성장의 감속을 확연히 확인할 수 있다.

그래프에 속지 않기 위한 방법

사실 수많은 데이터를 정리하고 해석하는 데는 표가 그래프보다 유용하다. 도수분포표를 만들어 보는 것이다. 도수분포표는 통계 자료를 정리할 때 자료의 전체 윤곽을 파악하기 위해 관찰치를 적절한 계급으로 묶어 정리한 표를 말한다. 이때 모든 자료를 빠짐없이 도수분포표에 포함시켜야 한다. 극단적 수치를 나타내는 양끝에 해당하는 계급을 제외하고 계급의 구간이 모두 같아야 한다.

〈그림 9〉에 나타낸 바와 같이 도수분포표는 데이터의 구간별

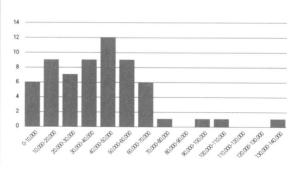

GDP 구간(US$)	국가 수
0-10,000	6
10,000-20,000	9
20,000-30,000	7
30,000-40,000	9
40,000-50,000	12
50,000-60,000	9
60,000-70,000	6
70,000-80,000	1
80,000-90,000	0
90,000-100,000	1
100,000-110,000	1
110,000-120,000	0
120,000-130,000	0
130,000-140,000	1
합계	62

〈그림 9〉 1인당 GDP의 구간별 분포(주요 62개국)[16]

빈도를 나타내는 데 유용하다. OECD에서 2021년 발표한 1인당 GDP(구매력 평가 환율 기준으로 미 달러화 환산)를 기준으로 주요 62개국을 소득 구간별로 나누어 보았다. 4~6만 달러 구간에 가장 많은 나라가 두텁게 분포하고 있고 6만 달러 이상의 구간에는 OECD 상위 소득 국가들이 분포하고 있다. 이러한 도수분포표를 히스토그램으로 나타내면 소득수준 비교의 가시성을 높여 주고 구간별 분포의 특징을 두드러지게 보여 준다.

그래프를 보면 대략적인 모양(기울기, 높낮이, 면적 등)에서 받은 첫인상이 강하게 남아 사고가 굳어진다. 일반적으로 필요하다고 판단할 때만, 구체적인 통계 숫자와 눈금을 확인하는 실수를 범한다. 그래프에 속지 않기 위해서는 반대로 봐야 한다. 통계 숫자와 눈금을 먼저 확인하고, 필요한 경우에 그래프의 모양을 살펴보는 습관을 가져야 한다.

그래프의 입체화는 오히려 정확한 통계수치를 대변하지 못하고 왜곡된 인상을 줄 수 있다. 가장 잘 알려진 경우가 입체적인 다이어그램을 사용하는 경우다. 그리고 입체적인 3차원의 그림을 사용하는 경우에는 더 큰 착시현상을 일으킨다. 그래프의 높이를 데이터의 수치로 표현하고자 했지만 이를 보는 독자들은 시각적으로 착오를 일으킨다. 〈그림 10〉처럼 공장의 생산 능력이 두 배 증가한 경우를 3차원 그림인 입체 그래프로 표현하면 그래프의 높이가 아닌 부피, 즉 2^3인 8배의 증가로 보인다.

프로크루스테스의 침대에 묶이지 않으려면 애당초 프로크루스

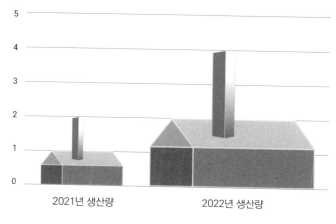

〈그림 10〉 3차원 입체 그림으로 인한 착시

테스의 여인숙으로 들어가지 않는 게 가장 좋다. 그럴싸하게 보이는 그래프는 프로크루스테스가 파놓은 함정이라는 사실을 잊지 말자. 조금 돌아가는 것처럼 느껴지더라도 먼저 데이터를 세밀하게 살펴본 뒤, 그 다음에 시각화된 그래프를 통해서 전반적인 추세, 변곡점, 분포 등을 확인하자.

2장

부분으로
전체 보기

간을 맞추려
국을 다 마실 필요는 없다

전수조사 vs 표본조사

요리사는 간을 맞출 때 큰 솥에 국을 끓이면서 국자로 국을 휘휘 저은 뒤에 조금만 떠 간을 본다. 확신이 없다면 맛을 한 번 더 본다. 간을 보려고 국 전부를 마시지는 않는다. 마찬가지로 사회적 사실이나 대중의 의견을 알려고 할 때도 그렇다. 대상 전부를 빠짐없이 샅샅이 조사하지 않아도 된다. 전부를 조사할 필요도 없거니와 바람직하지도 않다. 한마디로 잘 설계된 표본조사가 전수조사보다 낫다.

우리나라 통계청은 매월 실업률을 조사해서 발표한다. 실업률을 구하는 모집단은 15~64세 모든 성인이다. 대상 전체를 조사해서 얻은 데이터로 실업률을 계산하면 정확도는 높다. 하지만 이렇게 구한 실업률이 유용할까? 실업률 조사는 고용 상황을 진단하고 정책을 처방하기 위한 수단이다. 그래서 신속성이 중요하다. 만일 전수조사를 한다면 그 결과는 이미 지난 분기나 반기의 실업 상황을 대변하기 때문에 이를 근거로 한 대책은 오히려 부적절할 수 있다.

알고자 하는 대상을 통계학에서는 모집단母集團, population이라고 한다. 그리고 모집단의 특성을 알기 위해 뽑은 일부를 표본標本, sample 이라고 한다. 표본을 조사하면 모집단의 특성을 추정할 수 있다. 하지만 일부분만 추출한 표본을 조사해서 전체를 정확하게 아는 건 쉬운 일이 아니다. 여러 가지 문제로 오판을 할 수가 있다. 가령 요리사가 국 전체를 잘 섞지 않고 간을 본다면 잘못된 결론을 내릴 수 있다. 국을 너무 적게 떠서 간을 봐도 정확하게 간을 알 수 없다.

물론 표본조사標本調查, sample survey와 달리 모집단 전부를 대상으로 하는 전수조사全數調查, complete enumeration도 있는데, 이를 센서스 census라고도 한다. 통계청이 5년마다 시행하는 '인구주택총조사'가 대표 사례다. 우리나라 모든 인구, 가구, 주택을 대상으로 조사한다. 특히 모집단이 이질적 요소로 구성된 경우 표본조사는 오차가 클 수 있어서 전수조사가 정확하고 신뢰할 만하다. 그러나 조사 비용이 과도하고 조사 결과가 필요할 때 나오지 않고 늦는 경우가 많다.

표본조사는 다양한 분야에서 활용한다. 정부 정책도 표본조사를 기반으로 결정한다. 기업이 상품을 기획할 때도 표본조사로 소비자 의견을 듣는다. 여론조사는 대표적인 표본조사다. 여론조사는 선거철이 다가오면 선거 결과를 궁금해 하는 후보자, 정당, 유권자 모두의 최대 관심사다. 한때 여론조사는 결과를 미리 점지하는 점쟁이로 큰 신뢰를 받았다. 하지만 최근 들어서는 신뢰가 추락했다. 이 문제는 3장에서 자세히 다룰 예정이다.

표본조사는 기획 단계부터 치밀하게 설계하고 조사 과정을 철저히 관리하면 상당한 수준으로 정확성과 신뢰도를 높일 수 있다. 하지만 표본조사는 근본적으로 불완전하다. 전체 모집단의 특성과는 다른 결과가 나올 가능성이 늘 존재한다. 그래서 조사 결과를 활용할 때는 실제와 차이가 있을 가능성을 염두에 두고 신중하게 해석해야 한다. 그보다 더 주의할 것은 프로크루스테스가 먹잇감을 유인하는 함정으로 표본조사를 가장 흔하게 사용한다는 사실이다. 모집단의 진실을 의도적으로 호도할 수도, 부지불식중에 조사의 오류를 범할 수도 있음을 유념해야 한다.

정확한 조사를 위한 표본 수는 얼마일까?

한 샴푸 회사에서 신제품으로 비듬샴푸를 출시했는데 사용자 중 75%가 비듬 감소 효과를 보았다고 한다. 그런데 알고 보니 사용자 20명을 대상으로 한 결과였다. 이 결과를 믿을 수 있을까? 표본조사에서 표본이 작으면 결과에 대한 신뢰도가 높지 않다. 우연한 결과일 가능성이 있기 때문이다. 20명이 신제품 샴푸를 사용하면 우연히 15명에게서 비듬 감소가 나타날 수 있다. 동전을 10회 던졌는데 우연하게 앞면이 자주 나와 앞면이 8회 나올 수도 있다. 그러나 2,000명의 소비자가 신제품 샴푸를 사용하거나, 동전을 1,000회 던지면 우연한 결과는 줄어든다.

표본이 작을 때 우연에 의해 특이한 결과가 나오는 것을 '소표본 편향'이라고 한다. 표본조사를 할 때 소표본 편향을 피하려면 충분한 표본 수를 확보해야 한다. 그러나 막상 여론조사나 설문조사를 하려면 도대체 몇 명을 대상으로 할지 막막하다. 공원을 만들 때 전체 2만 명 주민 가운데 몇 명에게 의견을 듣는 게 좋을까? 대통령 후보자의 지지율을 알아보려면 몇 명을 조사해야 할까? 연금개혁의 일환으로 연금 보험료를 조정하려는데 몇 명에게 의견을 들어야 할까? 이러한 질문은 표본 크기에 대한 것이다.

주로 모집단의 몇 퍼센티지를 조사할지 묻는 경우가 많다. 보통 모집단의 크기에 비례해서 표본을 뽑는 게 좋다고 생각한다. 모집단이 5만 명이면 500명 정도, 5,000명이면 50명 정도 등등. 하지만 이건 잘못된 생각이다. 모집단이 크다고 표본 수도 비례해서 커질 필요는 없다. 표본 수가 크면 정확도는 높아지겠지만 그 차이는 미미하다. 우리나라 국민 약 5,000만 명이 모집단인 경우에 주로 1,000명 안팎의 수를 표본으로 사용한다. 인구 2억 5,000만 명인 미국도 표본 수는 차이가 없어서, 대선이나 대통령 지지도 조사는 1,000명 정도의 표본을 대상으로 한다. 표본 수를 1만 명으로 늘리면 정확도는 조금 높아지겠지만 조사 비용이 천문학적으로 증가한다.

표본의 크기를 정할 때는 조사에 따르는 비용과 기간을 고려해야 한다. 주어진 예산으로 정해진 기간 안에 조사를 마치려면 무작정 표본 수를 늘리는 게 능사는 아니다. 표본 수가 증가하면 표본 오차는 감소하지만 비표본 오차는 오히려 커질 수도 있다. 표본 오차는 특정 표본이 추출되는 우연성 때문에 생기는 오차다. 반면에 비표본 오차는 설문지 작성, 면접 진행, 데이터 처리 등의 과정에서 실수나 편견으로 생긴 오차를 말한다. 표본 수가 커지면 우연성은 작아지지만 조사하는 과정에서 오류가 발생할 가능성은 커질 수밖에 없다. 그리고 표본 오차는 계산이 가능해서 추정할 때 이를 감안할수 있지만 비표본 오차는 계산이 불가능해서 조사 전체가 무용화된다는 점이 크게 다르다.

천만 명 vs 천 명, 어느 쪽이 더 정확할까?

전 세계적으로 가장 권위 있고 신뢰도가 높은 여론조사 기관은 '갤럽'이다. 우리나라에서도 선거 때마다 빠지지 않고 단골로 나오는 게 갤럽의 여론조사다. 사실 1930년대 중반까지 미국에서 가장 영향력 있는 여론조사 기관은 '리터러시 다이제스트'였다. 1928년과 1932년 미국 대통령 선거 때 대규모 표본조사로 결과를 알아맞혀 명성을 얻었다. 상황이 달라진 것은 1936년 미국 대선 이후다.[17]

선거 한 달 전, 리터러시 다이제스트는 유권자 1,000만 명에게 투표 의향을 묻는 설문지를 우편으로 보내서 약 238만 명의 회신을 받았다. 이를 바탕으로 공화당 후보인 알프레드 랜던 후보의 당선이 확실하다고 예측했다. 반면 갤럽은 단지 수천 명의 표본을 대상으로 투표 성향 조사를 벌였고, 민주당 후보인 프랭클린 루스벨트의 당선을 예측했다. 선거 결과는 프랭클린 루스벨트의 당선, 그리고 갤럽의 승리였다. 이 선거 이후 갤럽의 설립자 조지 갤럽은 주목을 받았고, 리터러시 다이제스트는 명성을 잃고 얼마 뒤 파산했다.

어떻게 작은 표본으로 여론조사를 한 갤럽이 더 정확했을까? 리터러시 다이제스트는 표본을 추출할 때 전화번호부와 자동차 등록 명부를 사용했다. 그런데 이는 큰 실수였다. 그 시대에 전화나 자동차는 상류층의 사치품이었고, 표본이 상류층에 쏠려 있으니 여론조사 결과도 오류를 빚고 말았다. 반면 갤럽은 노동자와 농민을 비롯한 다양한 계층을 표본에 넣었다. 이를 통해서 갤럽은 여론조사에서 중요한 건 표본의 크기가 아니라 표본 추출 방법이라는 사실을 보여 주었다.

세월이 흐른 후 갤럽도 유사한 실수를 했다. 1992년 영국 총선에서 선거 당일 아침에 4개 주요 여론조사 기업인 입소스 모리, NOP, 갤럽, ICM 등은 조사 결과 노동당이 1% 포인트 앞선다고 발표했다. 그러나 그날 저녁 선거 결과는 보수당(토리당)의 8% 포인트 승리였다. 재앙에 가까울 만큼 실패한 여론조사는 표본의 설계와 조사가 잘못되었기 때문이다. 블루칼라 노동자 등 경제사회적 하위 계층에 표본이 편중되었다. 보수당 지지자들은 노동당 지지자들에 비해 투표 의향을 밝히기 꺼렸는데 이를 감안하지 못했다. 뒤에도 언급되는 '샤이 토리Shy Tories'라는 용어가 이때 출현했다.[18]

표본을 통해 모집단의 특성을 추정하는 과정에서 가장 중요한 문제는 올바른 표본을 선택하는 일이다. 표본이 올바르다는 건 모집단에 대해서 대표성을 갖는다는 뜻으로, 표본의 '선택 편향'을 제거해야 한다는 의미다. 예를 들어, 출근 시간인 오전 8시에서 9시 사이에 강남대로에서 지나가는 행인을 대상으로 대통령 후보 지지도를 조사한다면 신뢰할 만한 결과가 나올까? 이들은 소득 측면에서는 고소득층이 많고 연령 측면에서는 30~50대가 주축을 이룬다. 출근 시간에 강남대로를 다니는 행인이 전국 유권자를 대표한다고 보기 어렵다.

잘못된 표본의 또 다른 예는 자발적인 참여 방식으로 설문조사를 하는 경우다. 기업은 신상품을 개발하면 소비자 반응을 궁금해한다. 이때 자발적으로 의견을 보내는 소비자는 대부분 신상품에 만족하는 소비자다. 불만을 가진 소비자는 혼자 삭이는 경우가 대부분이다. 응답한 구매자 중 60%가 신상품에 대해 긍정적으로 응답했다고 이를 곧이곧대로 받아들이면 안 된다. 불만이 큰 구매자는 설문에 참여하지 않았을 것이기 때문이다. 구매자 중 극소수만 응답했다면 특히 설문조사 결과를 해석할 때 더 주의해야 한다.

선거에서 후보자 지지도 조사도 비슷한 사례다. 엄밀히 따지면 전화 조사는 자발적 응답은 아니다. 걸려온 전화에 대한 수동적 응답일 뿐이다. 하지만 전화 응답에 상당한 시간을 할애하고 속내를 드러내야 한다는 사실을 고려하면 자발적 응답이라고도 볼 수 있다. 보통 후보자 지지도 전화 조사의 응답률은 3~25% 수준이다. 응답률을 자세히 살펴보면 후보 지지율이 왜곡되는 여러 원인을 찾을 수 있다. 신상품 만족도 설문조사처럼 특정 후보자를 지지하는 유권자의 응답률이 높아지면 지지도 조사 결과에 왜곡이 일어난다. 표본이 대표성을 갖지 못하기 때문이다.

정확한 표본조사는 정확한 모집단 설정에서 출발한다. 대통령 후보 지지도 조사로 자세히 살펴보자. 모집단은 투표권을 가진 유권자 전체, 즉 피선거권을 가진 18세 이상 대한민국 국민이다. 표본은 모든 유권자가 같은 확률로 표본에 들어가도록 유권자 전체에 대해서 '무작위 추출'을 해야 한다. 전화 조사라면 어떤 유권자든 여론조사 기관의 전화를 받을 확률이 같아야 한다. 하지만 최근 가장 빈번하게 활용하는 ARSAutomatic Response Service 전화 조사[19]의 경우 여론조사 기관은 통신 3사(KT, SK텔레콤, LG유플러스)가 제공하는 가상 번호를 사용한다. 따라서 통신 3사의 가입자가 아닌 국민은 애당초 여론조사 기관에서 전화를 받을 가능성이 없다. 휴대전화가 없는 사람들과 알뜰폰을 사용하는 사람들(2021년 11월 기준 1,007만 회선)은 처음부터 조사 대상에서 제외된다.

위의 경우에 유권자 전체를 '목표 모집단'이라고 하고, 통신 3사 휴대폰 가입자를 '연구 모집단'이라고 한다. 이 둘이 일치하는 게 이상적이지만 현실에서는 제약 요인이 많다. 하지만 후보 지지도 조사는 비용 때문에 ARS 전화 조사를 활용할 수밖에 없다. 이 둘이 다르더라도 연구 모집단에서 제외되는 사람들이 연구 모집단에 포함되는 사람들과 성향 차이가 크지 않다면 문제가 없다. 그러나 통신 3사 가입자와 미가입자가 정치 성향이 다르면 문제가 생긴다. 만일에 경제적으로 어려운 사람들이 휴대폰을 사용하지 않거나 알뜰폰을 사용한다면 ARS 조사 결과는 경제적 약자의 의견을 과소 대표하게 된다.

또한 표본의 선택 편향을 제거하기 위해서는 표본을 모집단에서 무작위 추출해야 한다. 1930년대에 현대적 여론조사를 확립한 조지 갤럽이 사용한 모집단과 표본의 비유를 되새겨 보자. 그는 "큰 솥에 수프를 끓일 때 간을 더 해야 할지 알기 위해서 전부를 다 먹어 볼 필요는 없다. 수프를 잘 저었다면 그저 한 숟갈만 맛보면 된다." 고 말했다. 휘휘 젓는 이유는 솥 안 어디서든 수프가 균일해져서, 위에서 뜬 한 숟갈의 수프가 솥 안의 모든 수프를 대표할 수 있게 만들기 위해서다.[20]

'무작위'라는 단어는 '마구잡이'라든지 '비과학적'이라는 인상을 준다. 하지만 정반대다. 무작위의 의미는 모집단의 모든 구성 요소가 표본으로 뽑힐 확률이 동일한 추출 방법을 의미한다. 무작위 추출은 표본조사의 성공과 실패를 결정하는 요소다. 표본을 무작위로 추출해야 의도한 대로 설문조사를 몰아가는 편향을 방지할 수 있다. 하지만 현실에서 표본을 100% 무작위로 구성하는 일은 거의 불가능에 가까울 정도로 어렵다. 표본조사가 안고 있는 어려움이다.

표본조사를 망치는
프로크루스테스의 도구들

원하는 답을 유도하는 설문

표본이 모집단을 대표할 수 있게 균형을 갖춰 추출되었다고 가정하자. 그럼 표본조사는 성공할 수 있을까? 그렇지 않다. 표본 추출은 표본조사의 시작에 불과하다. 설문지 작성, 면접 진행, 데이터 처리 등에서 실수나 편견으로 오차가 생기지 않도록 과정마다 면밀한 관리가 필요하다. 이 모든 과정에서 발생하는 오차가 바로 '비표본 오차'다. 표본조사에 항상 따르는 '표본 오차'는 불가피하지만 '비표본 오차'는 표본조사가 완벽하다면 피할 수 있는 오차다. 가장 먼저 설문지 작성부터 살펴보자.

비표본 오차가 발생하는 가장 흔한 경우는 미리 조사 결과를 의도하고 작성한 설문이다. '설문의 차이가 결과의 차이를 만든다.'

세상을 바로 보는 힘
통계 안목

고 한다. 그만큼 설문지 작성은 중요하다. 설문은 전문성 있는 여론조사 기관이 의뢰인과 협의해서 작성한다. 설문지 작성에서 가장 큰 왜곡은 '정확한 답변'이 아닌 의뢰인이 '듣고 싶은 답변'을 유도하기 위해 설문을 작성할 때 일어난다.

설문은 구성과 순서도 주의 깊게 신경 써야 한다. 특정 설문에 대한 응답은 바로 앞에 나오는 설문의 영향을 받는다. 국정 수행 지지도 조사를 예로 들어 보자. 설문조사에서 국정 수행에 대한 평가를 묻는데, 이 질문 직전에 정부의 실책들에 관해 묻고 바로 이어서 국정 수행 평가를 물으면 결과는 어떨까? 두 질문을 서로 멀리 떨어뜨리거나 순서를 바꾸었을 때보다 국정 수행에 대한 평가는 낮아진다. 이를 '점화효과'라고 한다. 사전에 결과를 정하고 조사자가 이를 유도하려 점화효과를 노리는 설문을 만들어서 결과를 왜곡한다.

설문은 미세한 차이에 따라 조사 내용이 달라지고 결과가 바뀌기도 한다. 그래서 설문 문구나 단어 하나하나가 중요하다. 정치 여론조사 때마다 후보자에 대한 선호도를 조사할지, 적합도를 조사할지 아니면 지지도(투표 의향)를 조사할지 논란이 된다. "어느 후보가 대통령 후보로 되어야 한다고 생각하십니까?" 이 설문은 후보 선호도를 묻는다. 후보 적합도를 물어볼 때는 후보 선호도와는 설문이 유사하지만 다소 달라서, "누가 후보로 적합하다고 생각하십니까?"라고 질문한다. 이에 반해 지지도를 묻는 설문은 "당장 내일 투표를 한다면 어느 후보를 찍겠습니까?"라고 묻는다. '그게 그거 아닌가?'라고 생각할 수 있는데 설문안에 따라 실제로 결과가 뒤바뀌는 경

선호도와 적합도, 지지도 설문조사 질문의 차이

	선거 유권자 여론조사	자동차 구매자 설문조사
선호도	어느 후보가 대통령 후보로 되어야 한다고 생각하십니까?	5종의 차 중 가장 맘에 드는 차를 고른다면 무엇입니까?
적합도	누가 후보로 적합하다고 생각하십니까?	당신이 구매하기에 적합한 차는 무엇입니까?
지지도	당장 내일 투표를 한다면 어느 후보를 찍겠습니까?	당장 차를 구입한다면 어떤 차를 사겠습니까?

우가 많다. 따라서 후보자들도 설문 문구에 민감할 수밖에 없다. 설문 문구에 합의하지 못하면 경선 단일화 협상이 결렬되기도 한다. 2003년 한나라당 대통령 후보자 경선에서 이명박 후보 측은 적합도 문항을 선호했고, 박근혜 후보 측은 지지도 문항을 선호했다. 당시 관계자들은 문항에 따라 지지율이 10% 포인트 차이가 난다고 주장하기도 했다.[21]

누군가가 당신에게 제네시스, 소나타, 벤츠, BMW, 페라리 다섯 종류의 차 사진을 보여 주면서 "가장 맘에 드는 차를 고른다면 무엇입니까?"라고 질문한다면 이는 선호도 설문이다. "당신이 구매하기에 적합한 차는 무엇입니까?"라는 질문은 적합도에 관한 질문이다. 그리고 당장 차를 구입하려는 당신에게 위의 다섯 가지 차 가운데 어느 차를 살지 물어 본다면 당신의 선택은 아마 다를 것이다. 이러한 설문이 지지도 설문이다. 선호도 설문은 단순한 감성적인 선택을 묻고 자신에게 부담이 없지만, 지지도 설문은 이성적인 선택을 묻고 이에 대한 자기 책임이 따르는 점이 다르다. 적합도 설문은 이 둘의 중간쯤이다.

지지도에 관한 더 구체적인 질문은 가상의 양자 대결을 묻는 설문이다. A와 B 두 후보가 단일화를 위해 여론조사를 한다고 가정해 보자. "상대 당 후보와 A후보 중 누구에게 투표하시겠습니까?"와 "상대 당 후보와 B후보 중 누구에게 투표하시겠습니까?"를 각각 물어서 상대적으로 지지율이 높은 후보를 뽑는 방식을 사용한다. 본선 경쟁력이 강한 후보를 단일화 후보로 선출하기 위한 것이다.

면접자가 만드는 왜곡

설문을 확정하면 다음 과정은 실사다. 조사를 하는 면접자가 표본으로 뽑힌 응답자에게 응답을 받는 과정이다. 면접은 질의하고 대답을 기록하는 간단하고 쉬운 작업이 결코 아니다. 면접자는 표본에 속한 응답자를 접촉해서 협조를 얻어내고, 응답자가 조사에 응하지 않거나 응할 수 없는 경우 다른 응답자로 대체하기도 한다. 조사에 들어가면 면접자는 질문을 하고 응답을 측정해서 정확하게 기록해야 한다. 이 과정에서 응답자가 참여 의욕을 잃지 않도록 꾸준히 동기부여를 하는 일도 면접자의 능력이다.

경험, 성별, 나이, 교육 등 면접자의 특성이 무응답률, 측정 오차, 데이터 처리 오차 등의 조사 결과에 영향을 미칠 수 있다는 연구 결과도 있다.[22] 경험이 많은 면접자는 접촉과 응답의 비율을 높이고, 응답 부담을 줄여 주기도 하며, 응답 결과를 실수 없이 더 풍부하게 기록하고, 추가 조사 동의도 쉽게 얻는다. 반면 경험이 많은 면접자는 응답률을 높이는 대신에 자신이 응답에 개입하거나 자의적으로 해석해서 측정 오차를 높이기도 한다. 전수조사나 표본이 커지면 필요한 면접자 수도 늘어나는데 자격을 갖춘 경험이 있는 면접자 확보가 쉽지 않다.

면접자 특성으로 일어나는 오류나 왜곡을 줄이기 위해서도 세심한 조사 설계가 필요하다. 면접자가 편향성을 가지면 조사 결과에 왜곡이 생긴다. 사회조사에서 젊은 여성을 젊은 여성이 면접하는 것과 같이 면접자와 응답자의 인구사회적 집단 소속이 일치하면, 측정의 질을 높인다. 하지만 상호 편향성으로 측정 오차가 커질 수도 있다. 사회적 가치에 대한 면접자의 기대가 조사 과정에 개입되기도 한다. 예를 들어 노동자 계층의 면접자가 조사를 시행하는 경우 노동자의 입장을 옹호하는 응답 비율이 높아지기도 한다. 면접자의 사전 훈련은 경험과 숙련도로 인한 격차를 줄이고 조사 과정에서의 행동을 표준화하고 과도한 개입을 줄인다. 또한 면접자와 응답자의 연결을 임의로 배정하는 게 좋다.

ARS를 이용하는 전화 면접 조사는 이러한 면접자의 편향성에서 오는 오차를 어느 정도 피할 수 있다. 다만, 면접자가 하는 전화 조사에 비해서 응답률이 낮다는(ARS의 경우는 응답률이 5% 내외인 반면에 면접자에 의한 조사는 20% 내외로 알려져 있다.) 문제점은 감수해야 할 부분이다.

조사 방법에 따라 달라질 수 있는 결과

조사의 응답자는 민감한 질문에 대해서는 응답을 꺼린다. 우울증, 정신질환, 성병처럼 사회에서 터부시하는 건강 상태, 마약이나 위험한 성생활과 같은 사회규범을 벗어난 행태, 그리고 인종·종교 관련 태도나 동성애, 안락사 등이 그러한 주제들이다. 과거 권위주의 시대에는 여당에 대한 지지나 정부 정책에 대한 찬반 조사에서도 비판적인 의견을 가진 사람들이 대답을 꺼리는 경우가 많았다. 그리고 요새는 완전히 사라졌지만 야당 지지자들이 선거 후보 지지도 조사에서 침묵하기도 해서 여론조사 결과와 실제 선거 결과가 크게 다른 경우가 많았다.

따라서 응답자의 태도로 인한 비표본 오차를 줄일 수 있는 적절한 조사 방법을 선택해야 한다. 민감한 표본조사의 경우에는 문답 과정에서 익명성을 강화하고 비밀 보장과 데이터 보호 약정으로 응답자의 우려를 불식하는 노력이 필요하다. 응답자가 질문지를 스스로 작성하고 봉투에 봉해서 조사자에게 전달하는 '봉함 제출법'을 활용할 수도 있다.

조사 방법을 결정할 때는 추출된 표본의 특징, 조사에 드는 비용과 시간, 질문의 내용과 길이 등 다양한 요소를 고려한다. 조사 방법 중 결과에 많은 영향을 미치는 핵심은 자기 기입 방식인가 면접자 주도 방식인가 하는 선택이다. 이 선택으로 응답자의 응답에도 차이가 생긴다. 응답자가 질문을 어떻게 이해하고 생각을 정리해서 응답할지는 물론, 얼마나 많은 정보를 편안하게 노출할지가 달라진다. 종전에는 종이 질문지에 펜으로 적는 자기 기입식 질문지self-administered questionnaires: SAQs 방식을 주로 활용했다. 요즘도 길에서나 집을 방문해서 질문지를 나누어 주고 기입하게 하는 조사가 완전히 사라지지는 않았지만 그보다는 온라인이나 전화를 이용한 조사가 대세다.

전화 조사의 경우에는 ARS방식과 전화 면접 방식을 놓고 적절성과 신뢰성 측면에서 논란이 있다. 이에 대해서는 3장에서 자세하게 다룰 예정이다. 같은 조사 방법이라도 어떻게 조사를 진행하느냐가 응답에 큰 영향을 미치니 조심해야 한다. 질문의 속도, 응답자가 조사 진행 중 이전 질문으로 돌아갈 수 있는지 여부, 시청각 자료의 활용 여부, 면접자와 응답자의 상호작용 정도, 질문의 프라이버시 민감성 등 세부 요소가 응답의 품질과 정확성에 영향을 미친다.

시선과 결과를 의식한 응답자들

2016년 미국 대선에서 있었던 '샤이shy 트럼프' 논란은 흥미롭다. 인종차별, 성차별을 넘나드는 막말을 서슴지 않는 도널드 트럼프 후보를 정책이나 정당 선호 때문에 지지한다면 인종차별주의자, 성차별주의자로 평가받을까 봐 지지를 감추는 사람들이 있다는 가설이다. 유권자들이 사회적 가치 편향이나 정치적 올바름 문화에 얽매인다는 것이다. 1992년 영국 총선에서는 보수당 지지를 노출하지 않은 유권자들을 보수당의 옛 이름을 따서 '샤이 토리'라 했다. 우리나라의 선거 여론조사에서도 '샤이 보수'나 '샤이 진보'를 언급하곤 한다. 샤이 계층이 많은 경우에 이들은 지지 후보를 묻는 여론조사에 응하지 않거나 반대로 응답해서 여론조사로 얻은 후보나 정당 지지율이 실제와 크게 달라진다.

　응답자의 편향성에서 생기는 측정 오차도 큰 문제다. 응답자들은 실제 하는 행동 그대로 응답하기보다 자신이 했으면 하고 희망하는 행동, 남들에게 잘 보일 수 있는 행동대로 답변하는 경향이 있다. 그래서 응답자가 가능한 솔직하게 답하도록 설문을 만드는 게 중요하다. 또한 조사 결과만 확인해서는 안 되며 응답자의 실제 성향과 응답 사이에 어떤 차이가 얼마나 생겼는지도 측정해야 한다.

　더 심각한 문제는 조사에 응하는 응답자 전체에 편향성이 생길 수 있는 상황이다. 질문지를 이메일로 보내면 시간 여유가 있는 사람들이 응답할 가능성이 높다. 면접 조사를 하려고 집집마다 방문하거나 유선전화로 걸면 일을 하지 않는 사람 또는 외출이나 여행을 잘 하지 않는 사람을 포함해서 집에 머무는 시간이 많은 사람들이 주로 응답하게 된다. 길에서 행인을 세워 조사하는 경우에는 덜 바쁜 사람들이 응답하는 일이 많겠지만, 우호적이고 친절하며 긍정적이고 포용적인 사람들이 표본에 더 많아진다.

　일반적인 응답자의 편향성이 응답자들의 소극적 대응이라면 최근 우리나라에서 문제되고 있는 역선택逆選擇, adverse selection은 응답자들의 적극적이고 전략적인 대응이다. 2022년 제20대 대통령 선거 때 정당의 후보 단일화 과정에서 역선택이 문제였다. 정치적으로 반대 입장에 서 있는 사람들이 상대 정당의 약한 후보자를 지지해서,

본선에서 자기가 지지하는 정당의 후보자가 유리해지도록 하는, 전략에 따른 응답이다. 역선택이 횡행하면 상대적으로 약한 후보가 단일후보로 될 가능성이 높다. 마치 한일 축구 대항전에 나갈 한국 축구 대표선수 선발을 일본 국민들에게 맡기는 꼴이다. 이런 식이라면 손흥민이나 이강인이 대표로 선발될 가능성은 없다.

이러한 역선택 문제의 발단은 정당 후보자 선발에 '대중의 인기 투표' 방식을 가져오면서 비롯되었다. '선거 승리 지상주의'라는 세태로 인해 정치의 진지한 이념과 감동적인 설득 과정은 사라진 느낌이어서 씁쓸할 뿐이다. 앞으로도 인기 투표식 후보 결정 방식을 유지하면 역선택으로 인한 왜곡과 갈등은 더 심각해질 것이다. 그리고 그 피해는 고스란히 후보자, 정당, 지지자, 정치권 전체 그리고 국민이 지게 된다.

표본조사로
모집단 추정하기

표본과 모집단을 연결하는 다리, '대수의 법칙'

표본조사의 결과를 얻었다면 이제 이를 사용해서 전체를 추정할 단계로 접어든다. 대체로 1,000명을 대상으로 하는 대통령 후보 지지율 조사는 유권자 전체의 투표를 예측하기 위해서다. 여론조사를 통한 정당의 후보 단일화도 마찬가지다. 여론조사로 본선에서 어느 후보가 더 경쟁력이 있는지 따져 보고 최종 후보자를 결정한다. 그런데 달랑 1,000명 내지 2,000명을 대상으로 한 여론조사로 최종 후보자를 선출하는 게 타당할까?

2002년 11월 24일, 노무현 후보와 정몽준 후보 사이의 역사적인 16대 대통령 후보 단일화도 2,000명을 대상으로 한 여론조사로 결정했다. 당시 유권자 수가 3,000만 명임을 고려하면 적어도 유권자의 1%인 30만 명 정도에게 지지도를 물었어야 정확한 결과를 얻을 수 있지 않았을까? 당사자였던 두 후보자와 지지자들은 어떻게 2,000명을 대상으로 한 여론조사 결과를 수긍할 수 있었을까? 이 질문에 대한 답은 통계학 이론이 제공한다. 바로 '대수의 법칙'이다.

대수의 법칙이란 '모집단에서 뽑은 표본의 평균은 표본의 수가 커질수록 모집단의 평균인 모평균에 가깝게 된다.'라는 개념이다.[23] 여론조사 결과로 얻은 지지율은 일종의 표본에서 구한 평균이다. 2,000명을 표본으로 한 여론조사 지지율이 실제 지지율과 정확하게 같지는 않다. 하지만 대수의 법칙에 의해 여론조사로 알아낸 지지율은 실제 지지율에 상당히 가까워진다. 대체로 1,000명 이상이면 대수의 법칙이 충분히 적용된다.

대수의 법칙에서 한 걸음 나간 것이 '중심 극한 정리Central limit theorem'다. "원래의 데이터가 어떤 형태의 분포를 하든 상관없이 그 평균은 정규분포에 수렴한다."는 것이 중심 극한 정리다. 이러한 중심 극한 정리의 개념에는 3개의 중요한 개념이 나온다. '확률변수', '확률분포' 그리고 '정규분포'다.

표본에서 얻은 값은 일종의 확률변수다. 변수는 그 값이 변하는 수를 말한다. 확률변수는 확률로 표현되는 우연으로 여러 가지 값을 갖는다. 다시 말해서 어떤 특정한 값을 갖느냐가 확률로 정해지는 변수가 확률변수다. 예를 들어 여론조사에서 후보 지지율은 어떤 사람이 표본으로 뽑히느냐에 따라서 달라진다. 동전을 10번 던져서 앞면이 나오는 개수는 0에서 10까지의 값을 갖는데 우연으로 결정된다. 이것들이 일종의 확률변수다. 확률변수의 값과 그것이 실현될 확률을 대응시킨 걸 확률분포라고 한다. 확률분포는 다양하다. 확률분포를 알면 확률변수가 일정한 범위 내의 값을 취할 확률을 구할 수 있다.

정규분포는 처음 아이디어를 제공한 수학자 가우스의 이름을 따서 가우스분포라고도 한다. 독립적이고 임의적으로 생성된 변수들이 따르는 확률분포 중에서 가장 흔한 분포다. 변수가 가질 수 있는 모든 값에 그 값이 발생할 확률을 대응해 그리면 종 모양 곡선이 나타나 종형곡선이라 한다. 평균값이 나타날 확률이 가장 크며, 평균에서 멀어질수록 확률은 작아진다. 표준편차가 크면 확률변수의 값들이 평균을 중심으로 더 넓게 퍼져 있고, 반대로 표준편차가 작으면 평균을 중심으로 더 촘촘하게 퍼져 있다는 걸 의미한다.

흥미로운 사실은 많은 자연현상과 사회현상이 정규분포를 따른다는 것이다. 우리나라 남성 평균 키가 175cm라면 평균에서 먼, 즉 차이가 큰 수치일수록 해당하는 사람 수는 적어진다. 그리고 95%에 해당하는 사람들의 키는 평균에서 표준편차만큼을 뺀 수치와 표준편차만큼을 더한 수치 사이에 있게 된다. 다만 금융시장에서 금융자산의 수익성 확률분포는 정규분포에 비해 더 두터운 꼬리를 가진다. 자산 가격의 거품과 급락이 반복되면서 확률분포 곡선이 정규분포에 비해 표준편차가 크고 확률분포 곡선이 더 넓게 퍼져 있다.

표본의 평균이 정규분포 한다는 사실은 통계적 추론에서 중요한 전제이니 기억해야 한다. 데이터와 통계가 유용한 이유는 모집단의 평균을 모르는 경우다. 이때 표본에서 구한 평균으로부터 모집단의 평균을 추정한다. 문제는 표본평균은 우연히 뽑힌 표본에서 구한 평균이기에 오차가 반드시 생긴다는 점이다. 정규분포 하는 표본의 평균은 그 오차를 알 수 있어서 이 표본평균을 근거로 모평균을 추정하거나 가설을 검정할 수 있다.

예를 들어 보자. 이론적으로 보면 주사위를 던져서 나오는 숫자는 1부터 6까지 모든 숫자가 동일하게 1/6 확률로 나온다. 이는 〈그림 11〉과 같이 모든 확률변수가 동일한 확률을 갖는 균등분포이고 정규분포와는 거리가 멀다. 그렇다면 주사위를 10번 던져서 나온 숫자의 평균은 어떤 모양으로 분포할까? 1부터 6 사이의 숫자들이 좌우대칭의 종 모양으로 분포를 한다. 평균은 3.5이고 이 값을 가질 확률이 최고치가 된다. 만일 주사위를 100번 던져서 계산한다면 평균은 어떤 모양의 분포를 할까? 확률변수도 1과 6 사이의 수이고

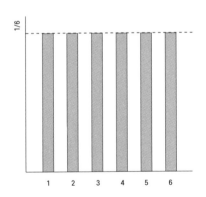

〈그림 11〉 주사위를 1회 던져 나오는 값의 확률분포: 균등분포
(최소값 1, 최대값 6, 각 숫자 확률 1/6)

세상을 바로 보는 힘
통계 안목

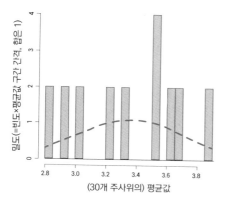

주사위 30개 던지기 실험의 10회 반복

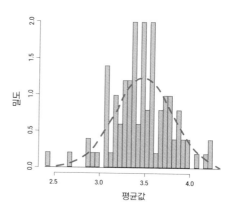

주사위 30개 던지기 실험의 100회 반복

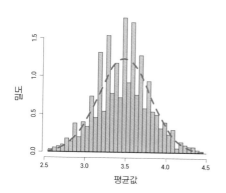

주사위 30개 던지기 실험의 1,000회 반복

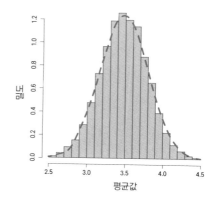

주사위 30개 던지기 실험의 10,000회 반복

〈그림 12〉 주사위를 30개 던졌을 때 표본 평균의 분포

평균도 같다. 다만 종 모양이 평균인 3.5 주위에 더욱 밀접해서 분포한다. 주사위를 던지는 횟수를 늘려 구한 평균의 분포는 더욱 정규분포에 가까워진다.

주사위 30개를 던져 평균을 구하는 실험을 통계 프로그램인 R을 이용해서 시행했다. 실험 반복 횟수를 10회 했을 때는 표본 평균이 중앙에 몰려 있지 않고 다소 고르게 퍼져 있는 분포를 보인다. 하지만 실험을 반복해 횟수가 100회, 1,000회, 10,000회로 늘수록 〈그림 12〉와 같이 표본평균은 3.5 주위에 밀접하게 분포하여 결국 정규분포에 가까워진다.

우연인가, 필연인가, 그것이 문제로다

새로 개발한 감기약의 효과를 알고 싶다고 하자. 100명의 감기 환자에게 신약을 투여한 뒤 평균 투병 기간을 조사하니 1일 짧았다면 신약은 효과가 있는 걸까? 겨우 1일 정도 단축은 우연이 아닐까 하는 의문이 든다. 만일 5일 정도 차이가 있다면 우연이 아니고 신약의 효과라고 할 수 있지 않을까? 그리고 100명의 환자가 아니고 1만 명의 환자에 투약해서 나온 결과라면 더 신뢰할 만하지 않을까? 이런 의문에 답할 때 적용하는 통계 분석 방법이 '유의성 검정'이다.

모집단에 속한 어떤 구성원이 표본에 포함되느냐 안 되느냐는 우연으로 결정된다. 따라서 표본에서 얻은 통계량은 어느 정도 우연이 개입한 결과다. 표본조사로 얻은 대통령 후보 지지율도 그렇고 일부 국민에게 접종한 백신의 효과율도 그렇다. 조사한 통계량을 가지고 모집단에 대한 판단을 내리려면 어느 정도가 우연에 의한 부분이고, 어느 정도가 필연에 의한 부분인지 구별해야 한다. 이를 '유의성 검정有意性檢定, tests of statistical significance'이라고 한다.[24] 우연인지 아닌지를 구별하는 방법이다. 통계량이 우연만으로 설명할 수 없을 때 이를 '통계학적으로 유의미하다.'라고 한다.

유의성 검정에서 사용하는 게 '유의확률有意確率, significance probability'이다. 통계학에서는 피밸류p-value로 불린다. 유의확률은 새로운 주장이 맞지 않더라도 관측된 통계치 이상의 극단적인 관측치가 우연히 나올 확률을 의미한다. 감기약의 예에서 새로운 주장은 '신약이 투병 기간을 단축한다'는 내용이다. 반대로 새로운 주장이 맞지 않다면 '신약이 효과가 전혀 없다'는 의미다. 정리하면 유의확률은 신약이 효과가 없더라도 투병 기간이 하루 이상 짧아진 관측치가 나타날 확률이다. 유의확률은 숫자의 크기가 '놀라움의 정도'를 나타낸다고 생각하면 이해하기 쉽다. 유의확률이 작을수록 그러한 관측치가 나타난 게 더 놀랍다는 의미다. 다시 말해서 우연일 가능성이 낮고 필연일 가능성이 크다는 뜻이다. 반대로 유의확률이 크면 표본조사로 얻어진 통계치가 우연히 만들어졌을 가능성이 크다는 의미다.

보통 유의확률이 0.05보다 작으면 우연이 아니고 새로운 주장이 맞을 가능성이 높다고 보는데, 0.05와 같은 설정 기준을 유의수준이라고 한다. 유의확률이 유의수준인 0.05보다 크다면 우연히 관측치를 얻었을 뿐이므로 새로운 주장을 수용할 수 없다. 판단 기준을 0.05로 삼는 데 특별한 이론이 있다기보다는, 오랜 시간 학계에서 연구자들이 빈번하게 채택한 기준이다. 제도나 관행, 치료법 등을 변경할 때 보수적인 입장은 진보적인 입장에 비해서 유의수준을 낮게 설정한다. 결정이 중대하고 심각할수록 0.01 또는 이보다 더 작은 유의수준을 적용한다.

앞의 감기약 사례로 돌아가 보자. 투병 기간이 평균 1일 이상 짧아지는 경우의 유의확률은 0.073이다. 이는 신약이 효과가 없을 때 우연히 평균 1일 이상 투병 기간이 짧아질 확률이 0.073이라는 의미다. 따라서 유의수준 0.05를 검증의 기준으로 하면 신약이 효과가 있다는 주장은 받아들이기 어렵다.

만일 신약을 투여했을 때 투병 기간이 평균 5일 짧아졌다고 하자. 신약의 효과가 없을 때라도 투병 기간이 평균 5일이나 그 이상 짧아질 확률은 0.01이다. 다시 말해서 유의확률은 0.01이라는 의미다. 이는 기준으로 삼은 유의수준 0.05보다 작으므로 신약의 효과가 없다는 가정은 확률적으로 수용하기 어렵고, 따라서 신약의 효과가 있다는 주장이 유의미하다는 결론이다.

가장 흔한 오해는 유의확률을 어떤 주장이 맞거나 틀릴 확률로 생각하는 일이다. 앞의 예에서 유의확률 0.073을 '신약이 효과가 없을 확률이 7.3%이고, 투병 기간을 단축시키는 효과가 있을 확률이 92.7%'라고 하면 잘못된 해석이다. 유의확률은 주장이 참이나 거짓일 확률과는 무관하다. 유의확률 0.073의 정확한 의미는 '신약의 약효가 없더라도 투병 기간이 1일 이상 단축될 확률이 5%이다.'라는 것이다.

유의성과 마찬가지로 신뢰구간 역시 통계에 익숙하지 않으면 바로 이해하기 어려운 개념이다. 한 선거 여론조사에서 이런 결과 발표를 보았다. "A후보 지지율은 24.5%이며, 표본오차는 95% 신뢰수준에서 ±2% 포인트다." 많은 사람들이 이를 보고 "A후보 지지율이 22.5~26.5%일 확률이 95%다."라고 이해한다. 그러나 이는 잘못된 해석이다. 정확한 해석은 이렇다. "'표본조사 후보 지지율 ±2% 포인트' 방식으로 후보 지지율을 추정하면 이렇게 추정된 신뢰구간 100개 가운데 95개 정도가 참인 후보 지지율을 포함한다."

"후보 지지율이 22.5~26.5% 사이에 있다."라는 명제는 참이거나 아니면 거짓이다. 이 명제는 확률을 갖는 변수가 아니므로 "맞을 확률이 95%다."라는 말은 애당초 성립하지 않는다.

착각해선 안 되는
원인과 결과

오비이락식으로 우기기

우리 조상들은 상관관계와 인과관계를 혼동하지 않도록 사자
성어로 주의를 주었다. 오비이락烏飛梨落, '까마귀 날자 배 떨어진다.'
라는 의미다. 까마귀가 날자 우연히 배가 떨어진 걸 까마귀 때문에
배가 떨어진 걸로 오해하지 말라는 훈계다. 통계를 조금 안다고 하
는 사람도 자주 저지르는 실수 중 하나가 상관관계를 인과관계로
착각하는 경우다.

상관관계가 있다고 해서 인과관계라고 단정할 수는 없다. 낮은
근무 평가와 약물 남용이라는 두 가지 사실 사이에 양의 상관관계

가 있다고 하자. 그러나 낮은 근무 평가에서 받는 스트레스로 직원이 약물 남용을 했는지, 아니면 반대로 약물을 남용하는 직원이 근무 집중이 어려워서 낮은 근무 평가를 받았는지 알 수 없다. 나아가 두 가지 요인이 서로 상승작용을 할 수도 있다. 낮은 근무 평가로 심리적 스트레스를 받아 약물을 남용하고, 약물에 취한 상태로 근무하니 평가가 더 낮아질 수도 있다.

'상관관계'란 두 가지 현상이, 그리고 그 현상을 나타내는 변수가 일정한 관계를 보이는 것이다. 이는 비례의 관계일 수도 있고 반비례의 관계일 수도 있다. 한 변수의 값이 클 때 다른 변수의 값도 크면 양의 상관관계라고 한다. 반대로 한 변수의 값이 클 때 다른 변수의 값이 작다면 음의 상관관계라고 한다. 예를 들어 보자.

사람은 키가 크면 몸무게도 무겁다. 따라서 키와 몸무게는 비례의 관계, 양의 상관관계다. 한편 사람은 나이가 들수록 근육량이 줄어든다. 따라서 나이와 근육량은 반비례 관계, 다시 말해서 음의 상관관계다. 그런데 이를 인과관계로 생각해서는 안 된다. 두 개의 변수가 일정한 상관관계를 보이면, 하나의 변수를 원인으로 다른 하나를 결과로 생각하는 경향이 있다. 반비례의 관계가 강하거나(통계학적으로 두 변수 사이의 상관관계를 나타내는 상관계수가 −1에 가깝다.), 반대로 비례의 관계가 강할수록(상관계수가 1에 가깝다.) 두 변수 사이에 인과관계가 있다고 생각하는 경우가 많다.

발생 시간의 순서만 보고 원인과 결과라고 오해하는 경우도 빈번하다. 두 가지 사건이 동시에 발생하면 상관관계이고, 시간 간격을 두고 발생하면 인과관계로 오인하기 쉽다. 시간상 먼저 일어난 사건을 원인, 나중에 일어난 사건을 결과로 흔히 받아들인다. 하지만 양의 상관관계가 있으면서 시간적 선후 관계가 있다고 해도 인과관계로 단정할 수는 없다. 시간적 선후 관계는 매우 약한 인과성을 의미할 뿐이다. 원인으로 보이는 사건이 결과로 보이는 사건보다 먼저 발생했다는 사실은 인과성의 필요조건이지 충분조건은 아니다. 어느 가정에서 부부싸움을 하면 대체로 엄마가 아이에게 화를 낸다고 하자. 단순한 시간적 선후 관계보다는 인과관계일 가능성이 높다. 그러나 부부싸움을 하지 않으면 엄마가 아이에게 화를 내지 않는지 확인하지 않고서는 인과관계라고 말하기 어렵다.

심지어 시간적 선후관계에 얽매여 원인과 결과를 바꾸어 해석할 수도 있다. 결과가 먼저 발생하고 원인이 나중에 관찰되는 상황이 그런 경우다. 예를 들어 자동차 구매 통계를 분석해서 젊은 부부가 세단을 SUV(스포츠 유틸리티 차량)로 바꾸면 첫째 또는 둘째 아이가 태어나는 현상을 관찰했다. 자동차의 교체가 아이의 출산을 초래하는 것이 아니라 아이의 출산에 대비해서 유아용 카시트 장착이 편한 SUV로 미리 자동차를 교체했다고 봐야 한다. 이때 원인과 결과를 바꿔 오해하지 않아야 한다.

숨겨진 제3의 요인

요즘은 직장인, 학생, 주부 구분 없이 많은 사람들이 커피를 즐겨 마신다. 그런데 어느 날 하루에 한두 잔 정도 커피를 마시는 사람이 전혀 마시지 않는 사람보다 건강 상태가 좋다는 연구 결과가 발표되었다. 커피 애호가들에게는 좋은 소식일 수밖에 없다. 불과 한 세대 전만 해도 커피가 수면을 방해하고 위장 기능을 저해한다면서 커피를 끊어야 한다는 충고가 있었다. 과연 앞의 연구 결과로 커피는 건강에 유익하다고 말할 수 있을까? 사실, 커피가 생리학적으로 건강에 정말 좋은지는 아직 결론이 나지 않았다. 다만, 한두 잔 정도 커피를 마실 수 있는 여유 시간, 또는 커피를 마시며 대화를 나눌 수 있는 인간관계가 건강에 유익할 것이라는 개연성은 높다.

1980~2010년 사이 서울의 가정에서 키우는 반려견의 수와 교통사고 발생 건수를 조사해서 상관계수를 구하니 0.89라는 높은 수치가 나왔다. 두 변수의 상관관계가 상당히 높다는 얘기다. 이를 '반려견이 증가하면 교통사고도 증가하는데 반려견이 교통사고를 유발하기 때문이다.'라고 결론 내린다면 분명한 오류다. 이는 시간이 흐를수록 사람들이 더 많은 반려견을 키우고 더 많은 자동차가 다니는 추세 때문이다. '시간'이라는 제3의 요인이 작동했을 뿐이다.

원인과 결과가 아닌 두 변수가 높은 상관관계를 갖는 이유 가운데 하나는, 두 변수에 모두 영향을 미치지만 숨겨져 관찰하지 못한 다른 제3의 요인 변수가 존재하는 경우다. 아무런 관계가 없지만 높은 상관계수를 보이는 두 변수들의 관계를 '허위상관虛僞相關, spurious correlation'이라고 한다. 제3의 요인 변수가 하나의 변수와 깊은 상관관계를 갖고 동시에 다른 하나의 변수와도 상관관계를 갖는 경우 서로 관련이 없는 두 변수 사이의 상관관계를 구해보면 마치 관련이 있는 것처럼 착각할 정도로 높은 상관계수가 나온다. 따라서 어떤 두 변수 사이에서 통계적으로 높은 상관관계를 보이면 인과관계라고 섣불리 결론 내리지 말고 숨겨진 제3의 변수를 찾으려고 시도해야 한다.

그렇다면 앞의 사례처럼 상관없는 두 변수가 왜 통계적으로 높은 상관관계를 보이는 걸까? 많은 경우에 '시간'이라는 제3의 변수가 작동하기 때문이다. 해가 갈수록 사람들은 더 많은 반려견을 기르고, 교통량도 증가한다. 한 발 더 나아가면, 해마다 인구수가 증가하고 반려견과 교통량도 함께 증가한다. 두 변수의 데이터를 장기간 관측하고 수집하면 시간 또는 인구라는 제3의 요인이 영향을 미칠 수밖에 없다.

이와 유사한 사례는 많다. 국가나 도시 단위에서 레스토랑 매출액과 식품점 판매량의 데이터를 분석하면 1에 가깝게 높은 상관계수가 나타난다. 그런데 외식과 식료품은 대체재 관계다. 사람들이 레스토랑에서 외식을 더 많이 하면 집에서 식료품으로 요리하는 일은 줄어든다. 따라서 음의 상관관계가 나타나야 상식에 맞다. 그런데 왜 다수 국가 또는 지역 데이터에서 레스토랑 매출액과 식품점 판매량이 높은 상관계수를 나타낼까? 바로, 인구 때문이다. 즉 인구가 많은 지역에서는 레스토랑 매출액도 크고 식품점 판매액도 크다. 이처럼 제3의 요인을 감안하지 않으면 비상식적인 인과관계에 도달하고, 그에 따라 터무니없는 대책이 수립되기도 한다.

일치와 차이, 인과관계의 판단 기준

점심을 함께 먹은 10명 중에서 5명은 아무런 문제가 없는데 나머지 5명이 식중독 증세를 보였다고 가정하자. 식중독의 원인을 규명하고자 하는 사람은 우선 식중독 증세가 나타난 5명은 먹었으나 건강한 상태인 나머지 5명은 먹지 않은 음식에 주목할 것이다. 그러한 음식으로 세균에 오염된 보쌈 요리가 지목되었다면 식중독 증세가 나타난 5명의 집단에 일치의 방법, 식중독 감염 집단과 비감염 집단 사이에 차이의 방법을 적용해서 식중독 증세의 원인을 확인할 수 있다.

19세기 영국의 철학자인 존 스튜어드 밀은 사건 사이의 인과관계를 파악하기 위한 방법으로 5가지를 제시했다. 그가 제시한 5가지 방법은 일치의 방법, 차이의 방법, 일치와 차이의 결합, 잔여 요인, 동반 변동이다. 그중 인과관계를 파악하는 방법으로 가장 많이 쓰는 '일치의 방법'과 '차이의 방법'에 대해 알아보자. 일치의 방법은 관심의 대상인 사건이 공유하고 있는 요인을 찾는다. 차이의 방법은 사건이 일어난 경우에는 존재하고, 사건이 일어나지 않은 경우에는 존재하지 않는 요인을 찾는다.

사례 하나를 더 살펴보자. 어떤 직원이 직장에서 화학물질에 노출되어 암이 발병했다고 주장한다. 이 주장을 관철하기 위해서는 화학물질에 노출되지 않았다면 암이 발병하지 않았음을 입증해야 한다. 통계학에서는 '반대 사실'에 기초를 두어 인과관계를 확인하기도 한다. 발병한 직원이 화학물질에 노출되지 않았다면 발병하지 않았을 것인가, 화학물질에 노출되지 않은 다른 사람들이 화학물질에 노출되었다면 발병했을 것인가 하는 질문에 답을 구한다. 그런데 이 질문은 한 개인의 발병 원인을 입증할 때 적용 가능하다.

　같은 주장이라도 개인 차원의 원인 규명과 집단 차원의 원인 규명은 다소 차이가 있다. 집단일 때는 특정 업종에서 다수의 직원들에게 암이 발병했다면 화학물질에 노출되면 그렇지 않은 경우에 비해서 암 발병의 빈도가 높아진다는 사실을 통계적으로 입증해야 한다. 그리고 집단 수준에서는 발병한 직원 집단이 화학물질에 노출되지 않았더라면 발병 빈도가 낮아졌을 것인가 하는 질문에 답해야 한다.

　인과관계는 약한 형태와 강한 형태로 분류된다. 인과관계의 강한 형태는 결정론적인 관계다. 어느 하나가 발생하면 다른 하나는 반드시 즉각 발생하고, 반대로 하나가 발생하지 않으면 다른 하나도 발생하지 않는 관계다. 이러한 인과관계는 주로 과학 분야에서 많이 다룬다. 그러나 최근에는 과학 분야에서도 인과관계를 확률론적인 형태로 구성하는 경우가 많다. 임의성이 자연 그 자체의 본질이라는 인식에서 비롯된다. 인과관계의 약한 형태는 하나가 발생하면 다른 조건이 같을 때 다른 하나가 발생할 가능성이 크다는 사실을 의미한다. 결정론적 인과관계에서는 '원인'이라고 하는 반면에 확률론적 인과관계에서는 '원인 요인'이라고 한다.

　담배회사들은 흡연과 폐암의 인과관계를 부정한다. 그 근거로는 첫째, 많은 사람이 흡연을 했음에도 폐암에 걸리지 않는다. 둘째,

어떤 사람은 금연한 지 오랜 세월이 지난 뒤 폐암에 걸린다. 마지막으로 전혀 흡연을 하지 않은 사람도 폐암에 걸린다는 것이다. 이러한 사실은 흡연과 폐암 사이에 결정적 인과관계가 없음을 의미한다. 하지만 확률론적 인과관계를 부정하기는 어렵다.

원인과 결과를 잘못 파악하면 벌어지는 일들

"다른 보험사에서 우리 보험사로 옮겨 온 고객들이 평균 15만 원의 보험료를 절약했습니다!" 얼마 전 TV에서 보게 된 보험 광고다. 이 광고를 본 후에 나는 현재 가입 중인 보험사의 설계사에게 전화를 걸었다. 그는 같은 대학에서 통계학을 전공한 후배이기도 하다. 내가 본 TV 광고를 언급하며 기존 보험을 해약하고 보험사를 옮기려 한다고 말하니 그가 한마디 했다. "그러세요. 그런데 한 번만 더 생각해 보세요. 그 사람들이 보험사를 옮겨서 보험료를 아낀 건지, 아니면 보험료를 아낄 수 있는 사람들만 옮겨서 그런 결과가 생긴 건지를요." 그렇다. 보험사를 옮겨야 돈을 아낄 수 있다고 생각하는 사람은 보험사를 옮기고, 그렇지 않은 사람들은 그대로 유지하기 때문에 보험사가 자랑하는 평균 15만 원의 보험료 절약이라는 결과가 생겼다. 그때는 "괜히 헛짓할 뻔했네." 하며 가슴을 쓸어내렸지만 보험사를 옮기지 않은 게 잘한 결정인지 아직도 확신이 서지는 않는다.

사람들이 통계에 관심을 갖는 이유는 현실을 분석해서 인과관계를 파악하고 이를 바탕으로 미래를 예측하거나 현실을 개선하기 위해서다. 인과관계 진단이 잘못되면 예측과 처방 역시 잘못될 수밖에 없다. 남태평양의 섬나라 바누아투는 1980년 독립하기 전까지 오랜 세월 영국과 프랑스의 식민지로 지내며 뉴헤브리디스라는 이름으로 불렸다. 17세기 초 스페인 탐험대가 찾았다가 잊었던 섬으로, 1774년 제임스 쿡이 다시 찾아내어 탐험했는데 그때 섬의 원주민들에게서 이상한 점을 발견했다고 한다. 원주민들은 몸이나 옷에 기생하며 피를 빨아 먹는 곤충인 이를 건강의 상징이라고 믿으며 자랑스러워했던 것이다. 건강한 사람에게는 이가 많고 병에 걸린 환자에게는 이가 없다는 걸 대대로 관찰한 결과였다. 원주민들은 가급적 이를 몸에 지닌 채 다니려고 했다. 그런데 열병에 걸리면 고열로 이가 살 수 없어져 환자에게는 이가 발견되지 않았다는 사실이 마침내 밝혀졌다. 이가 열병의 원인이라는 것도 알려졌다. 상관관계를 인과관계로 착각한 것이 이 지역에 열병이 지속해서 일어난 원인이 되었다. 단순한 상관관계를 인과관계로 착각하면 잘못된 의사 결정을 하게 되고 사태를 더 악화시키거나 쓸데없이 큰 비용을 치러야 한다. 작은 일도 큰 문제로 확대될 수 있다.

분명히 인과관계가 존재하는데 실수로 부정확하게 인식하는 경우도 있다. 인과관계가 선형이 아닌 경우가 그렇다. 우리는 무의식적으로 인과관계가 일대일의 비례관계라고 생각한다. 그래서 직선 관계가 아닌 경우에 인과관계 파악에 오류가 발생한다. 가장 잘 알려진 경우가 영양소와 약효의 관계다. 비타민C는 하루에 일정 한도를 넘으면 추가 섭취해도 아무런 약효가 없다. 그리고 치료제의 경우에 일정 한도를 초과하면 오히려 역효과가 나타나서 치료를 방해할 수도 있다. 이런 관계를 단순한 선형의 인과관계로 파악해서 처방하는 건 위험하다.

상관관계는 '현상 파악'에 초점을 둔다. 이에 반해서 인과관계는 '원인 파악'과 '대책 수립'을 위한 분석이다. 현상을 파악하려고 상관관계를 알아보는 건 통계 지식만으로도 충분하다. 하지만 더 나아가서 상관관계를 갖는 두 개의 변수 사이에 어느 것이 원인이고 어느 것이 결과인지를 파악하는 데는 통계 지식 외에도 해당 분야의 이론이나 현장을 이해하는 업무 경험이 필요하다. 상관관계를 인과관계로 착각하지 않기 위해서는 늘 합리적 의심을 갖고 사실을 살펴보는 습관을 가져야 한다. 『원인과 결과의 경제학』의 저자인 나카무로 마키코와 쓰가와 유스케는 늘 세 가지 의심을 가져야 한다고 충고한다. "우연의 일치가 아닌가? 제3의 변수가 작동한 게 아닌가? 역의 인과관계는 없는가?"[25]

우리가 무의식적으로 인과관계가 있을 것으로 믿는 통념이 있다. 노력과 성과, 파종과 수확, 투자와 수익, 치료와 쾌유, 죄와 벌 등이 그런 사례들이다. 하지만 이러한 인과관계도 구체적인 사례에 적용할 때는 각별한 주의가 필요하다. 가령 어떤 학생이 학원을 세 군데 다녔더니 성적이 올랐다고 해서 학원 수강이 성적 향상의 원인이라고 단정해 말하기는 어렵다. 그리고 위암 진단을 받은 후 치료를 받던 환자가 민간요법으로 1년 뒤에 위암이 나은 걸 보고서 민간요법으로 위암을 치료했다고 결론짓는 일 역시 위험하다. 이렇게 특별한 개별 사례도 인과관계에 대한 오판을 불러일으킨다. 상관관계를 인과관계로 착각하는 실수는 자연과학의 영역보다 사회과학의 영역에서 흔히 생긴다. 의도에 따라 영향을 주는 요인을 제어하며 실험하고 원인과 결과를 분석하는 자연과학은 상관관계와 인과관계를 착각할 일이 적다. 그러나 우리가 사는 사회는 통제와 제어가 가능한 실험실이 아니다. 그래서 때로는 분석의 실수, 때로는 의도된 속임수가 존재한다. 우리가 살아가는 현실에서 마주치는 교묘한 눈가림에 넘어가지 않으려면 항상 프로크루스테스를 경계해야 한다. 상관관계를 인과관계로 바꿔치기 하는 수법은 프로크루스테스가 사용하는 주특기다.

세상을 바로 보는 힘
통계 안목

실생활에서
속기 쉬운 확률

확률 계산, 모든 정보를 활용하자

우리가 표본조사를 해서 데이터를 모으고 통계치를 계산하는 목적은 하나다. 최선의 의사 결정을 하기 위해서다. 지금까지 살펴본 표본조사가 아주 전형적인 경우다. 하지만 우리가 사는 세상은 불확실하므로 모든 걸 표본조사로 파악할 수는 없다. 예를 들어, 결혼 상대를 구한다면 나와 가장 행복하게 살 수 있는 확률이 높은 배우자를 구해야 한다. 직장을 선택한다면 내가 능력을 가장 잘 발휘하여 성공할 확률이 높은 직장을 구해야 한다. 아파트를 산다면 앞으로 가격이 오를 확률이 높은 집을 구입해야 한다. 그러나 이런 결정에 앞서 표본조사는 불가능하다. 그렇다면 불확실한 세상에서 어떻게 최선의 선택을 할 수 있을까? 현 시점에서 입수 가능한 정보를

모두 활용해서 확률이 가장 높은 선택을 하는 것이다.[26]

미국 TV 프로그램 가운데 아주 오랫동안 인기를 끌었던 '거래를 합시다Let's make a deal!'라는 퀴즈쇼가 있다. 쇼의 마지막 단계에 이르면 우승자는 세 개의 달린 문 앞에 서고 진행자인 몬티 홀은 그 가운데 하나를 선택하라고 말한다. 한 개의 문 뒤에는 상금으로 주어지는 고급 자동차가 있고 나머지 두 개의 문 뒤에는 염소가 있다. 우승자가 문 하나를 선택하면 몬티 홀은 나머지 두 개 가운데 하나를 열어서 그 뒤에 염소가 있다는 걸 보여 준다. 그리고 우승자에게 다시 묻는다. 처음 선택한 문을 고수할지 아니면 선택을 바꿔 다른 문을 고를지. 대다수 사람들은 처음 선택했던 문을 고수한다. 과연 올바른 결정일까? 여기서 잠시 시간을 갖고 내가 문 앞의 우승자라면 어떤 선택을 할지 문 하나를 고른 뒤 계속 읽으면서 정답을 확인하기 바란다.

보통 사람들의 심리는, 선택을 변경해서 '꽝'이 나오면 처음 선택을 유지해서 '꽝'이 나왔을 때보다 상실감이 더 크다. 선택을 유지해서 '꽝'이 나오면 '어쩔 수 없다'고 스스로를 위안하지만 변경해서 '꽝'이 나오면 '괜히 바꿨다'는 심한 자책감을 갖는다. 따라서 사람들은 대부분 처음 선택을 고수한다. 몬티 홀이 하나의 문을 열고 난 뒤 나머지 두 개의 문 뒤에 자동차가 있을 확률은 각각 어떨까? 처음 선택한 문을 고수하는 사람들은 그 확률이 1/2로 같다고 생각한다. 그래서 굳이 선택을 변경하려고 하지 않는다. 처음 선택 때문이 아니라 두 개의 문 중 하나를 고르는 현재의 선택만 생각해도 옳은 결정이라고 주장한다. 남은 두 개의 문 가운데 하나를 선택하는 것이므로 문 뒤에 자동차가 있을 확률은 1/2로 같다고 우긴다.[27]

하지만 선택을 바꿔 다른 문을 고르는 사람들은 다르게 생각한다. 처음 선택한 문 뒤에 자동차가 있을 확률은 1/3이고 선택하지 않은 두 개의 문 뒤에 자동차가 있을 확률은 2/3다. 당초에는 선택하지 않은 두 개의 문 뒤에 자동차가 있을 확률을 합해서 2/3였는데 (각각은 1/3) 몬티 홀이 하나를 열고 난 후에는 남아 있는 나머지 하나의 문 뒤에 자동차가 있을 확률이 2/3가 된다. 따라서 선택을 변경하면 자동차를 받을 확률이 두 배로 높아진다고 생각한다.

이러한 상반된 계산법과 반응은 새로운 정보를 얼마나 최대한 활용했느냐에 따라 다르게 나타난다. 이 상황에서 새로운 정보란 무엇일까? 당초 선택한 문을 고수하는 사람들은 "몬티 홀이 연 문 뒤에는 자동차가 없다."라는 정보만을 활용한다. 그런데 여기서 놓치고 활용하지 않은 다른 중요한 정보가 있다. "몬티 홀은 우승자가 선택하지 않은 두 개의 문 가운데 언제나 자동차가 아닌 염소가 있는 문 하나를 연다."는 정보다. 몬티 홀은 어느 문 뒤에 자동차가 있는지 이미 알고 있기에 항상 염소가 있는 문만 연다. 자동차가 있는 문을 열어버리면 TV 프로그램의 재미가 떨어지기 때문이다.

추가 정보까지 활용해서 새롭게 확률을 계산하면 처음 선택을 바꾸는 것이 두 배 유리하다. 따라서 정답은 '반드시 선택을 변경한다'는 것이다. 사실 이렇게 주어진 데이터를 바탕으로 조건부 확률을 계산할 때 통계에서는 베이즈 정리를 활용한다. 베이즈 정리를

활용한 상세한 설명이 궁금하다면 주석에 정리해 두었으니 확인해 보길 바란다.[28]

일주일 사이에 홀인원을 두 번 기록하면 사기일까?

국내 한 신문에 ""0.008% 확률의 홀인원을 일주일 새 두 번이나?"라는 기사가 실렸다.[29] 한 골퍼가 5일 간격으로 두 번 홀인원을 기록해서 '홀인원 보험금'[30]을 받았는데, 금융감독원이 보험 사기를 의심해서 경찰에 수사를 의뢰했다는 내용이었다. 결국 경찰 수사로 캐디와 골퍼가 공모했는지 사실관계가 밝혀질 것이다. 만일 경찰의 수사에서도 혐의점을 확인하지 못한다면 이러한 극히 낮은 확률을 근거로 사기라고 판단하는 게 맞을까?

일주일에 두 번 홀인원 할 확률을 구해 보자. 일반인 골퍼[31]가 공을 한 번 쳐서 홀인원을 할 확률은 0.00008, 즉 1/12,000이라고 한다. 주 1회 골프를 친다면, 라운딩 한 번에 파3 홀이 4개 있으므로, 홀인원 하기 위해서는 평균 57년간 쳐야 한다는 얘기다. 인류가 골프를 시작한 이후로 가장 뛰어난 선수라는 타이거 우즈도 매일 같이 밥 먹고 골프만 했으나 아직 홀인원은 스무 번밖에 못 했다고 한다. 그런데 일반인 주말 골퍼가 일주일에 두 번의 홀인원이라니! 두 번 홀인원 할 확률은 $(0.00008 \times 4)^2 = 0.0000001024$다. 1,000만분의 1 정도의 확률이다. 따라서 사기인지 보겠다는 건 충분히 합리적 의심이다. 하지만 확률이 낮다는 사실 자체는 사기라고 단정할 근거가 될 수 없다.

이 상황에서 사기인지 아닌지를 판단하는 데 필요한 확률은 무엇일까? 두 번의 홀인원이라는 사건이 발생한 시점에서 따져야 할 확률은 '사기일 확률'과 '사기가 아닐 확률'의 상대적 크기다. 얼마나 많은 골퍼가, 어느 정도 빈도로 홀인원 사기를 치는지 대략이라도 확률을 알아야 한다. 그렇지 않으면 운이 좋았던 건지 아니면 사기인지 판단할 수 없다. 예를 들어서 골퍼 1,000만 명 가운데 1명꼴로 홀인원 사기를 친다고 알려져 있다면 골프에서 사기칠 확률은 0.0000001로 우연히 두 번 홀인원 할 확률과 비슷하다. 따라서 사기일 확률과 운이 좋았을 확률은 각각 1/2이다. 이보다 홀인원 사기가 만연해 있다면 두 번의 홀인원이 사기일 확률은 1/2보다 높아진다. '두 번 홀인원이 일어나지 않을 확률(1−0.0000001024 = 0.9999998976)'을 사기일 확률로 오인하는 게 흔한 착오다.

사실 이전에는 골퍼가 홀인원 사기를 칠 이유도 없었고 사기를 치는 게 쉽지도 않았다. 같이 골프를 치는 동반자들이 지켜보고 있고 캐디들도 부정행위를 용납하지 않을 테니까. 그런데 홀인원 보험이 생기면서 상황이 달라졌다. 본인 부담 없이 보험금만으로 동반자들은 선물과 향응을 제공받고 캐디는 특별 보너스를 받으니 짜고 만드는 홀인원이 생길 수 있게 되었다.

우리는 실생활에서 조건부 확률을 흔히 혼동하는 경우가 있다. 아이가 희귀병 검사를 받았는데 양성으로 판정받았다고 하자. 이 희귀병에 걸린 사람은 인구의 0.0001%다. 다시 말해서 100만 명 가운데 1명에게 나타나는 희귀병이다. 이 병에 걸리면 10년 내에 사망할 확률이 99%일 정도로 무서운 병이다. 절망에 빠진 부모는 삶이 무너지는 심정으로 한 달을 보낸 뒤 겨우 정신을 차리고 의사인 친구를 찾아가서 상담을 했다. 그런데 친구는 위로는커녕 걱정 말라며 농담만 늘어놓는 게 아닌가. 어찌된 일일까?

우리나라 인구가 5,000만 명이니까 이 희귀병에 걸린 사람은 대략 50명이다. 희귀병에 걸리지 않은 사람이 49,999,950명이다. 아이가 이토록 희귀한 병에 걸렸으니 어찌 슬퍼하지 않을 수 있을까? 의사 친구는 모든 검사가 그렇듯 이 새로운 유전자 검사법이 100% 맞는 게 아니라고 한다. 98%는 정확하지만 2%는 부정확하다는 것이다. 따라서 실제 희귀병 보유자 50명(5,000만 인구의 0.0001%) 중 49명은 양성 판정true positive(희귀병에 걸렸다는 옳은 양성)을 받고 1명은 음성 판정false negative(희귀병에 걸리지 않았다는 틀린 음성)을 받는다. 또한 검사의 2% 부정확성 때문에 비보유자 49,999,950명(99.9999%) 중 999,999명도 양성 판정false positive(잘못된 양성)을 받을 수 있다. 양성 판정을 받을 사람은 모두 1,000,048명(49+999,999명)이다. 따라서 희귀병 유전자 보유 양성 판정을 받은 사람 가운데 실제 유전자 보유자일 확률은 49/1,000,048이다. 약 0.00005의 확률이다. 희귀병 보유자가 아닐 확률이 0.99995다. 희귀병 유전자 보유라는 진단에 마음이 무겁겠지만 절망할 이유는 없다.[32] 검사 결과 희귀병 양성이 나왔더라도 실제 보유자일 확률은 0.005%에 불과하다. 아닐 확률이 99.995%다.

이렇게 확률을 오인하는 일은 검사의 정확도에 현혹되기 때문에 생긴다. 양성 판정을 받았는데 98% 정확하다는 결과를 들으면 충격에 빠진다. 희귀병에 걸렸을 확률이 98%라고 착각한다. 하지만 더 중요한 건 사전확률(희귀병에 걸릴 확률 0.0001%)이다. 양성 판정을 받았을 경우에 사전확률이 아주 낮다면 그리 절망할 필요는 없다.

고속도로 사망자 가운데 30%가 안전벨트 미착용, 그 의미는?

고속도로를 달리다 보면 "고속도로 사망자 가운데 30%가 안전벨트 미착용"이라는 경고문을 흔하게 볼 수 있다. 안전벨트 착용을 권장하는 경고 사인이지만 곰곰이 생각해 보면 무슨 의미인지 알 수 없다. 이 경고문을 뒤집어 보면 "고속도로 사망자 70%가 안전벨트 착용"과 같은 의미다. 안전벨트를 맨 사망자 숫자가 안전벨트를 매지 않은 사망자 숫자보다 2.3배 많다는 의미다. 도대체 안전벨트를 매라는 건지 말라는 건지 알 수 없는 경고문이다.

그렇다면 안전벨트 착용을 권장하는 사인은 어떤 정보를 담아야 할까? 가장 적절한 정보는 안전벨트를 매면 그렇지 않았을 때보다 사망 가능성이 얼마나 감소하는지 알려주는 내용이다. 즉 "안전벨트를 매면 사고 시 사망 확률이 몇 % 또는 몇 % 포인트 감소한다."라는 형식의 정보다. 하지만 문제는 이런 확률은 애당초 구체적인 숫자로 계산할 수 없다. 교통사고의 결과는 사망 아니면 생존 둘 중 하나다. 안전벨트를 매지 않아서 사망한 사람이 안전벨트를 맸다면 살았을지 알 수 없다. 반대로 안전벨트를 매서 살았는데 안전벨트를 매지 않았더라도 죽었을지 역시 알 수 없는 일이다.

다른 방법은 사망자와 생존자가 동시에 발생한 교통사고에서 안전벨트를 맨 사망자 비율(안전벨트를 맨 사망자 수/안전벨트를 맨 전체 승객 수)과 안전벨트를 매지 않은 사망자 비율(안전벨트를 매지 않은 사망자 수/안전벨트를 매지 않은 전체 승객 수)을 비교하는 것이다. 전자의 비율이 후자의 비율에 비해서 현저히 낮다면 그 통계는 안전벨트를 매는 게 사망 위험을 줄인다는 설득력 있는 근거가 된다. 하지만 이 또한 완벽한 통계는 아니다. 왜냐하면 운전자를 포함해서 앞좌석에 탄 사람은 안전벨트를 매고 뒷좌석에 탄 사람은 안전벨트를 매지 않는 관행 때문에 앞좌석 승객의 사망이 흔한 고속도로 교통사고의 경우 안전벨트를 맨 사망자의 비율이 높을 수 있다.

완벽하지는 않지만 데이터를 확보할 수 있는 통계는 안전벨트를 맬 때의 사망 확률과 안전벨트를 매지 않을 때의 사망 확률을 구해서 비교하는 것이다. 이 확률을 구하면 "안전벨트를 매면 사망 확률은 몇 % 감소한다."라는 식의 정보를 줄 수 있고, 사람들이 안전벨트를 매도록 유인할 수 있다. 여기서 '안전벨트를 매면 사망할 확률'을 조건부 확률이라고 한다.

이제 제대로 된 조건부 확률을 구해 보자. 바로 안전벨트를 맬 경우 사망할 확률이다. 이를 위해서는 고속도로를 다니는 차량 탑승자가 안전벨트를 매는 확률과 매지 않는 확률을 미리 알아야 한다. 예를 들어서 70%는 안전벨트를 매고 30%는 매지 않는다고 하자. 그렇다면 앞에서 소개한 "사망자의 30%가 안전벨트 미착용"이라는 경고문은 안전벨트 착용이 사망 여부에 전혀 영향을 미치지 않는다는 의미다. 탑승자 30%가 안전벨트를 착용하지 않는데, 사망자 가운데 미착용자 비율이 30%라면 안전벨트 착용 여부와 사망 확률은 관계가 없다.

만일 고속도로를 통행하는 차량 탑승자의 10%만이 안전벨트를 매지 않는데 사망자의 30%가 안전벨트 미착용자라면 안전벨트가 사망 확률을 감소시킨다고 할 수 있다. 반대로 탑승자의 90%가 안전벨트를 매지 않는데 사망자의 30%가 안전벨트 미착용자라면 안전벨트를 안 매는 편이 더 안전하다는 의미다. 이렇게 탑승자의 몇 %가 안전벨트를 착용하는지가 중요한 정보다. 이 정보 없이 막연히 "사망자의 30%가 안전벨트 미착용"이라는 경고문은 아무런 의미가 없다.

3장

선거 여론조사
파헤치기

여론조사인가?
여론 조작인가?

여론조사, 정치의 중심에 서다

선거철이면 후보나 정당 지지율에 대한 여론조사가 춤을 춘다. 우후죽순 쏟아지는 조사 결과 발표에 정신을 차릴 수가 없다. 수시로 걸려오는 조사 기관의 전화로 피로를 호소하는 사람도, 같은 날 발표된 서로 다른 결과로 혼란스러워 하는 사람도 있다. "이 지긋지긋한 여론조사 누가 손 좀 봐야 하는데." 하는 볼멘소리도 터져 나온다. 하지만 선거가 끝나면 그뿐이다. 태풍이 지나간 듯 잠잠해지고 다시 선거철이 돌아오기 전까지 사람들은 되찾은 고요에 안도하며 혼란을 금세 잊고 산다.

민심의 향배를 읽는 데 여론조사만큼 좋은 게 없다고 한다. 후보 지지율에 초점을 맞춘 여론조사는 주로 정당이나 언론이 시행한다. 정당은 선거 전략을 짜고 효과적인 선거 운동을 하려는 목적으로 여론조사를 실시한다. 언론은 선거에 관심이 높은 구독자에게 누가 우세한지 선거 흐름을 알 수 있는 정보를 제공하려는 목적이 있다. 하지만 최근의 과열된 여론조사를 보면 마치 목적과 수단이 바뀐 듯하다. 자기 당에 유리한 여론조사 결과를 발표해서 유권자들의 지지를 얻으려 유도한다. 언론도 은연중에 자신들과 성향이 맞는 후보자에게 유리한 방향으로 여론조사를 실시하고 보도한다.

'레밍 신드롬'이라는 용어가 있다. 군중심리나 편승 효과와 비슷한 용어로, 주관 없이 다른 사람들의 선택을 무작정 따라 가는 현상을 말한다. 레밍은 들쥐의 한 종류다. 주로 북극과 가까운 추운 툰드라 지역에서 서식한다. 개체 수가 늘면 새로운 터전을 찾아서 집단 전체가 이동하는데 번식이 빨라서 3~4년에 한 번씩 옮겨 다닌다고 한다. 그래서 우리말로는 '나그네쥐'라고 부른다. 레밍에게는 특이한 습성이 하나 있다. 이동할 때 무조건 선두만 따라 간다는 점이다. 선두가 잘못해서 바다나 호수에 빠지면 무리 상당수가 물로 따라서 뛰어든다. 우리 사회에서도 종종 이와 유사한 일이 벌어진다. 선거에서도 역시 이런 현상이 나타난다.

우리는 왜 남을 따라 할까? 흔히 문제가 복잡하거나 어려운 경우에 스스로 판단하기를 포기하고 다수를 추종하려고 한다. 아니면 '다수가 맞겠지' 또는 '다수를 따라 가면 손해는 안 보겠지' 하는 심리도 있다. 이처럼 당선 가능성을 중시하는 유권자의 투표 행태와 사표死票 회피 심리는 선거에서 우세한 후보자에게 표를 주는 성향으로 나타난다. 여론조사에서 높은 지지율을 보이면 절대적으로 유리하다. 이렇다 보니 선거에 나선 정당과 후보자는 여론조사를 선거 전략의 하나로 인식하게 된다. 이제 정치와 선거의 판세를 읽는 풍량계 정도였던 여론조사는 가공할 파괴력을 지닌 선거 전략으로 우리 정치와 선거의 중심에 우뚝 섰다.

여론조사의 침대 바꿔치기

"사람들은 자신의 의견이 사회적으로 우세하고 다수 의견에 속하면 자신 있게 목소리를 내고, 소수 의견에 속하면 침묵한다."[33] 이는 독일의 사회과학자 엘리자베스 노엘레 노이만이 발표한 '침묵의 나선효과 이론'이다. 여론조사로 지지도를 올리려는 시도는 이러한 심리를 이용한다. 여론에서 열세해 보이는 견해라면 그에 동조하더라도 표현하지 않고 침묵하는데, 이렇게 침묵하는 사람들의 수는 나선형으로 점점 증가한다. 결국 여론에서 우세하다고 하는 견해가 실제 우세한 의견으로 만들어진다.

이에 따라 최근에는 여론 조작에 가까운 여론조사가 횡행하게 되었다. 아직 누구를 뽑을지 결정하지 못한 유권자는 여론조사 결과에 귀가 솔깃해 지지율이 높은 후보에게 투표하기도 한다. 높은 지지율이 후보자의 유능함과 적합도를 입증한다고 믿는다. 이러한 심리를 이용해서 편승 효과를 누리려는 측은 자기 당 후보에게 유리한 결과가 나오도록 설문을 만들고 표본을 추출한다. 여론조사 방식이나 시간대까지 유리하게 맞춰서 시행한다. 그러다 보면 여론조사에 따라 후보 지지율은 널을 뛰고, 사람들은 여론조사 기관이 마음만 먹으면 얼마든지 조작이 가능하다고 생각한다. 여론조사를 두고 어느 여론조사 기관은 여당 쪽이고 또 다른 여론조사 기관은 야당과 손을 잡아서 그런 결과가 나왔다고 해석한다.

그렇다고 항상 정당이 자기 쪽이 높은 지지율을 받고 있다고 주장하지만은 않는다. 오히려 자기 당의 후보자가 불리하다는 여론조사 결과를 만들어 발표할 때도 있다. 특히 선거 판세가 우열을 예측하기 힘든 백중세이거나, 우세가 열세로 뒤집히는 조짐을 보일 때에는 선거 막바지에 지지층을 결집시키고 투표 참여를 적극 끌어내기 위해서 읍소 전략을 쓰기도 한다. 지지하는 후보자가 불리하다는 여론조사 결과를 들은 유권자가 만사 제치고 반드시 투표하길 기대하는 것이다. 일종의 '언더 독 효과'라고 한다. 상대적으로 약한 후보자underdog가 절대 강자topdog를 이겨 주기를 바라는 심리다. 물론 상대 후보와 격차가 너무 큰 경우 오히려 지지층이 투표를 포기할 수 있어 상황에 맞게 전략을 짜야 한다.

이런 여론조사 왜곡의 일차 피해자는 당연히 유권자지만, 정당과 후보자 역시 심각한 피해를 입는다. 선거 판세를 제대로 읽지 못해 부적절한 선거 공약을 내놓는다면 선거를 망칠 수도 있기 때문이다. 그래서 최근에는 각 정당이 두 가지 여론조사를 병행하는 꼼수를 부린다. 외부에 발표하기 위한 여론조사와 내부 참고용 여론조사를 나눠서 외부 발표용 여론조사는 자기 정당과 후보자에게 유리하게 조작하고 내부용은 정확하게 조사한다. 이런 행태야말로 목적과 장소에 따라서 프로크루스테스 침대를 바꿔치기 하는 비열한 수법이다.

민주주의, 선거 그리고 여론조사

우리나라에서 대선 후보 선정에 여론조사를 도입한 계기는 16대 대통령 선거에서 민주당이 여론조사 형식의 전국 순회 국민 경선을 채택하면서부터다. 국민 경선을 통해 민주당 대선 후보로 선정된 노무현 후보와 국민통합21의 정몽준 후보 사이의 후보 단일화 역시 여론조사로 확정했다. 그때까지 우리나라 정당들은 후보를 뽑을 때 여론조사를 활용하지 않았으나 다음 17대 대통령 선거부터 각 정당은 대선 후보 선출 과정에서 여론조사를 국민 참여 경선이라는 이름으로 널리 활용했다. 이제는 국회의원과 지방자치단체장 후보자 선출조차도 정당원 투표와 일반 국민 여론조사 결과를 함께 사용하고 있다. 사실 전 세계에서 최고 통치권자 후보를 선출하는 과정에 여론조사를 제도화한 나라는 단 두 나라, 우리나라와 대만이다. 대만도 총통 후보 선출 과정에서 정당이 여론조사를 활용한다.

민주주의는 다수의 대중이 지배하는 체제다. 다수의 대중은 선거를 통해 권력을 위임한다. 따라서 민주주의의 근간은 선거제도이다. 선거에서 이긴 정당이나 정치인이 결국 '다수의 뜻'이라는 이름으로 권력을 행사한다. 정치는 '국민의 뜻'을 읽는 것이다. 국민의 뜻이 바로 여론이다. 따라서 여론조사는 국민의 뜻을 바로 읽는 방법이다. 여론을 바로 아는 일이 선거에서 승리하는 방법이자, 권력을 국민의 뜻에 따라서 행사하는 방법이므로 민주주의를 실현하는 수단이다.

우리나라 헌법 제1조 2항은 "대한민국의 주권은 국민에게 있고, 모든 권력은 국민으로부터 나온다."라고 규정하고 있다. 하지만 왜곡된 여론조사가 국민을 오도하면 현실은 '대한민국의 주권은 국민에게 있으나, 모든 권력은 여론조사로부터 나온다.'라고 할 수 있다.[34] 선거철이면 쏟아지는 왜곡된 여론조사 결과에 속지 않고 정확한 정보를 취사선택해 현명하게 투표권을 행사하는 건 오롯이 유권자의 몫으로 남는다.

여론조사의 남용과 오용은 최근 들어 벌어지는 일이다. 여론조사를 통해 각 정당의 후보자를 뽑거나 서로 다른 정당이 손을 잡고 후보 단일화를 이루려다가 과열 조짐이 나타났다. 이러한 후보자 선출 방식을 두고 정당의 존립 이유에 대한 회의를 제기하기도 한다. 여론조사에 따른 후보자 선정 방식은 반대 정당의 지지자들이 상대 당의 약한 후보자를 밀어주는 역선택에 무력하다. 더 심각한 문제는 정당이나 언론이 여론조사를 조작하고 왜곡하며 선거를 뒤흔들어도 이를 익숙하게 여기는 현실이다.

여론조사, 밀실에서 광장으로

영국 일간지 「더 텔레그래프지」는 2019년 8월 "보리스는 하원의원들의 방해를 방지하기 위해서 필요하다면 의회의 회기 중단 등 어떠한 수단을 써서라도 브렉시트Brexit(영국의 EU 탈퇴)를 결행할 필요가 있다는 질문에 대다수가 찬성했다."고 보도했다.[35] 이 보도를 본 웨스트민스터대학 언론학과의 스티브 바네트 교수는 해당 여론조사의 질문에 주어로 직함인 '총리'나 보리스 존슨의 성인 '존슨' 대신에 친근감을 주는 이름 '보리스'를 썼고, 다섯 개 선택지 중 '모르겠다'는 응답을 제외하고 44%만 동의한 결과를 대다수의 찬성으로 보도한 점을 지적하며 비판했다. 또한 하원이 반대한 것이 EU 탈퇴 그 자체라기보다 '대안적 합의 없는 탈퇴'였다는 점에서도 설문 문항이 문제라고 지적했다. 결론은 우파 언론이 정치 의제에 대한 여론을 왜곡한 사례라는 논지다. 그는 이러한 여론 왜곡이나 조작을 방지하기 위해서 여론조사, 언론 그리고 출판 산업이 자율 규제를 강화해야 한다고 주장했다. 여론조사 오남용이 우리나라만의 문제는 아니다. 주요 선진국에서도 종종 비슷한 문제를 지적하고 있다. 근대 의회 민주주의의 발상지인 영국도 예외는 아니다.

여론조사의 중요성을 감안할 때 더 이상 정당이나 언론이 여론조사를 자기 마음대로 설계하고 시행해서 발표하도록 내버려 두어서는 안 된다. 특정 정치권에 몸담고 있는 사람들이 여론조사 기관을 운영하고, 여론조사 전문가가 정치 인플루언서로 활약하고 있다. 이는 민주주의의 근간인 선거와 정당에 큰 영향을 미치는 여론조사가 프로크루스테스의 침대에서 재단되도록 방치하는 꼴이다. 게다가 선거 여론조사 기관의 난립이 문제를 악화시킨다. 선거관리위원회에 등록된 선거여론조사기관 79개[36] 가운데 57%에 해당하는 45개 업체가 조사나 분석을 하는 전문 인력은 단 1명만 보유하고 있

는 실정이다. 상근 직원이 3명 이하인 기관이 무려 43개에 달해 절반 정도가 영세하다.[37]

다행히도 아직 미흡한 수준이지만 중앙선거여론조사심의위원회가 2021년 '선거 여론조사 기준'을 제정해서 심의와 규제를 가하고 있다. 이 기준에 따라 선거 여론조사는 객관적이고 공정하게 조사해야 하며, 조사 대상 전체에 대한 대표성을 확보하도록 피조사자를 선정해야 한다. 표본의 최소 크기가 충분해야 하고, 응답을 강요하거나 특정한 응답을 유도해서는 안 되며, 결과를 왜곡할 수 있는 조사·분석 방법을 금지해야 한다. 질문지의 작성과 조사에서 어휘나 표현, 내용이 피조사자의 응답을 특정 정당·후보자에게 편향되지 않도록 한다. 선거 여론조사 계획의 사전 신고, 조사 결과의 위원회 홈페이지 등록, 공표·보도 등을 상세하게 규정한다. 나아가 응답률을 높이도록 노력하고, 전화 조사는 무선전화(개인용 휴대전화)를 사용해서 60% 이상(권고 응답 비율) 응답을 받도록 한다.[38]

현대 민주주의 정치 체제에서는 정치, 경제, 사회 의제를 다루는 다양한 여론조사도 선거 여론조사 못지않게 중요하다. 하지만 우리나라에서는 아직 이 부분은 적정한 규제가 없다. 실제로 한국기자협회는 선거 여론조사의 정확성과 객관성, 신뢰성을 확보하기 위해 조사 기관 선정, 표본의 대표성 확보, 금지되는 조사 행위, 조사 품질 제고 등에 관한 '선거 여론조사 보도 준칙'을 제정했으나, 정치·정책 의제를 다루는 다른 여론조사에는 아직 그러한 기준이 없다.

영국의 경우, 언론 자율 규제 기관인 임프레스IMPRESS와 여론조사 기관 단체인 시장조사학회MRS: Market Research Society는 여론을 왜곡하는 조사 결과와 그에 따른 언론 보도, 정치권과 정부의 주장에 속지 않기 위해서는 상당한 주의를 기울여야 한다고 강조한다. 이들은 '언론 기사에 대한 여론조사 데이터의 활용'이라는 가이드라인을 제시한다.[39] 이 가이드라인은 언론이 보도하는 조사 결과를 적절하게 활용할 수 있는 실용적인 조언을 담았다. 그 내용을 소개한다.

우선 조사 기관을 확인한다. 조사 기관이 적절한 신뢰성과 경험을 가지고 있는지, 공신력 있는 조사 기관 단체 소속인지, 조사 전문가가 조사를 수행했는지 살펴봐야 한다. 또한 적절한 조사 방법을 채택하고 있는지도 확인한다. 모집단의 명확한 정의, 표본의 충분한 규모와 추출 방법, 표본의 대표성, 응답의 수집·분석 방법, 질문의 명확성과 중립성 등을 검토해야 한다. 특히 표본의 수가 중요하다. 모집단이 크고 포괄적인 경우 표본의 크기가 최소 1,000명은 되어야 하며, 모집단이 작은 경우에도 최소 100명은 되어야 통계적으로 의미 있는 조사다.

마지막으로 조사를 발주하고 비용을 지원하거나 조사 결과를 보고받는 기관이 어떤 의도를 가지고 영향을 미치지는 않았는지도 확인해야 한다. 때로는 조사의 결과가 아닌 조사 자체가 문제가 되거나 편향성을 가질 수 있다. 예를 들어 총선을 앞두고 진보 언론에서 대대적으로 기후 변화로 인한 피해와 환경 보호 정책에 대한 전국 단위의 대규모 여론조사를 펼친다면 어떤 영향이 미칠까? 여론조사 자체가 환경 문제를 주요 쟁점으로 만들어 진보 정당과 그 정책에 대한 국민적 관심을 확인시키고 지지층이 결집하도록 하는 효과를 갖는다.

널뛰는 후보 지지율에
속지 말자

여론조사와 개표 결과가 전혀 다르다?

미국의 2016년 대통령 선거 때 여론조사는 거의 예외 없이 힐러리 클린턴 후보의 당선을 예측했지만 결과는 도널드 트럼프 후보의 승리였다. 2020년 선거에서는 여론조사 결과 바이든 후보의 낙승을 예측했지만 개표 과정은 막판까지 승패를 예측할 수 없는 숨막히는 경합이었다.

2002년 대통령 선거를 한 달 앞둔 시점, 당시 새천년민주당 노무현 후보와 국민통합21 정몽준 후보는 심야에 포장마차에서 러브샷을 하면서 여론조사를 통한 단일화에 극적으로 합의했다. 그 뒤 노무현 후보가 46.8%로 42.2%를 얻은 정몽준 후보를 불과 4.6% 포인트 차이로 앞서 단일 후보가 되었고, 이를 계기로 역전에 성공해서 이회창 후보를 누르고 제16대 대통령에 당선되었다. 이 당시 두 군데서 여론조사를 실시했는데 그중 한 여론조사 결과는 무효 처리 되었다. 왜냐하면 상대방 이회창 후보 지지율이 기준치(조사일 직전 이회창 후보 지지율 평균인 30.4%를 기준으로 했다.) 이하로 나와서 역선택이 작용한 것으로 판단했기 때문이다.

우리나라 대통령 또는 국회의원 선거에서 사전 여론조사와 실제 선거 결과가 다른 경우가 많아졌다. 여론조사에서는 후보자 간 우열이 확연했는데 실제 선거 결과는 각축하는 경우도 있고 심지어는 당락이 뒤바뀌는 경우도 다반사다. 이는 우리나라에서만 일어나는 현상이 아니다. 미국의 여론조사도 틀린 경우가 많았다. 특히 중요한 대통령 선거에서 마저 여론조사 결과 예측이 실패하기도 했다.

최근 들어 조사 기관에 따라 후보 지지율이 들쭉날쭉해서 유권자들이 어리둥절해지는 일이 더 잦아졌다. 같은 기간에 같은 방식으로 실시한 여론조사조차 후보 지지율에서 큰 차이를 보였다. 특히 리얼미터와 갤럽이 조사한 제20대 대통령 후보 지지도 차이가 너무나 확연해서 여론조사 기관이 특정 후보를 지지하는 것 아니냐는 의구심을 불러일으키기도 했다.

제20대 대통령 선거가 채 두 달도 남지 않은 2022년 1월 14일, 대통령 후보 지지도에 대한 두 개의 여론조사가 같은 날 발표되었다. 그 즈음 여론조사 결과마다 지지도가 서로 다른 일은 다반사였다. 하지만 조사 기관이 다르든지, 방법이 다르든지, 아니면 기간이 다르든지 하는 차이가 있어서 어느 정도 조사 결과의 차이를 이해

세상을 바로 보는 힘
통계 안목

할 수 있었다. 하지만 이날 발표된 두 개의 여론조사는 거의 동일한 조사 기관에서 동일한 방법으로 동일한 기간에 이뤄진 조사라 주목을 받았다. NBSNational Barometer Survey(전국지표조사)[40]와 MBC는 국내 통신 3사가 제공하는 휴대전화 가상 번호를 100% 이용해서 전화면 접원이 여론조사를 시행했다. 1월 11일과 12일 양일에 걸쳐서, NBS의 경우 코리아리서치와 케이스탯이 각각 500명씩 1,000명을 대상으로 조사했고, MBC의 경우 코리아리서치가 단독으로 1,003명을 대상으로 조사했다.

조사 결과는 정반대였다. NBS 조사에서는 이재명 후보에 대한 지지도가 37%로 28%를 얻은 윤석열 후보를 압도했다. 하지만 MBC 조사는 윤석열 후보가 38.8%로 32.8%인 이재명 후보를 오차 범위를 넘어 앞섰다. 두 조사의 표본 오차가 95% 신뢰수준에서 ±3.1% 포인트라는 점에서 이러한 결과는 여론조사의 신뢰성에 의문을 품게 만들기 충분했다. 둘 중 하나에서 실수가 발생했거나 아니면 여론조사를 고의로 왜곡하지 않고서는 나오기 어려운 결과였다.

요즘 대세는 가상 번호 ARS 전화 조사

여론조사 방식을 결정하려면 기술 측면에서 세 번의 선택이 필요하다. 첫 번째는 전화 면접 조사를 할 것인지 아니면 ARS 조사를 할 것인지, 두 번째 무선전화만으로 할 것인지 아니면 유·무선 혼합 방식으로 할 것인지, 그리고 마지막은 가상 번호로 할 것인지 아니면 임의 전화RDD 방식으로 할 것인지를 결정해야 한다. 이러한 선택의 결과에 따라서 신뢰도와 응답률에 차이가 난다. 그리고 무엇보다 비용 차이가 크다. 각각의 선택에 대해서 알아보자.

첫째, 보통은 전화 면접 조사를 ARS 조사보다 더 정확하다는 이유로 선호한다. 전화 면접 조사가 ARS 조사보다 정확한 이유는 응답률이 높기 때문이다. 전화 면접 조사의 응답률은 20% 내외지만 ARS 조사의 응답률은 5% 내외다. 왜 ARS 조사가 전화 면접 조사보다 응답률이 낮을까? 그건 아무래도 모르는 전화를 받는 입장에서는 상대방이 사람인 경우보다 기계음일 때 부담 없이 끊을 수 있기 때문이다. 하지만 전화 면접 조사는 비용이 비싸다는 단점이 있다. 1,000명을 표본 수로 하는 가상 번호를 활용하는 경우에 일반적으로 전화 면접 조사는 1,000만 원, ARS 조사는 300만 원 정도의 비용이 든다고 한다.

둘째, 휴대용 무선전화를 널리 사용하기 전에는 전화 여론조사에 일반 유선전화를 활용했다. 이때는 전화번호부에서 번호를 무작위 추출하는 방식이었다. 평일 낮 시간대에는 주로 주부나 노년층이 전화를 받기 때문에 여론조사는 평일 저녁 시간이나 주말에 시행했다. 하지만 휴대용 무선전화 보급률이 높아진 뒤로 일반 유선전화는 무선전화를 이용한 여론조사를 보완하는 정도로 활용하고 있다. 노년층의 무선전화 사용이 적다는 이유로 유선전화를 10~20% 정도 혼용했다. 하지만 최근에는 노년층까지 거의 전 국민이 휴대용 무선전화를 사용하기 때문에 일반 유선전화를 부분이나마 활용하는 근거가 약해졌다.

셋째, 전화번호를 추출하는 방식으로는 임의 전화 방식과 가상 번호 방식이 있다. 가상 번호는 통신 3사가 제공하는 번호를 사용한다. 가상으로 만들어진 번호로 전화를 걸면 통신사에서 실제 전화로 연결해 주는 시스템이다. 통신사 전화 가입자들의 사생활 보호를 위해서 번호를 노출하지 않기 위한 방법이다. 010 대신 050으로 시작하는 번호다. 우리나라에서는 2017년 2월 선거법 개정으로 가상 번호를 활용한 여론조사가 허용되었다. 가상 번호는 성별, 연령별, 거주 지역별로 분류해서 제공하기 때문에 무작위로 번호를 생성하는 임의 전화 방식보다 집단별로 정해진 표본조사 수를 충족하기 용이하다. 이에 비해서 임의 전화 방식은 컴퓨터가 생성하는 전화번호로 전화를 거는 방식이다. 피조사자에 대한 정보가 부족하기 때문에 집단별로 할당된 수를 채우려면 수많은 시도가 필요하다. 때로는 할당된 피조사자 수를 채우지 못해서 가중치를 조사 뒤에 수정하기도 한다.

이런 가상 번호를 누구에게나 제공하는 건 아니다. 중앙여론조사심의위원회에 등록한 여론조사 기관만 신청할 수 있다. 가상 번호는 1개당 16.94원이고, 통신비도 일반 통신비의 두 배다. 여론조사 표본수의 30배까지 제공한다. 대통령 선거의 경우 표본의 크기가 평균 1,000명이므로 약 3만 개 정도의 가상 번호를 제공한다. 가상 번호는 통신 3사에서 받게 되므로 알뜰폰 가입자가 원천 배제되는 문제가 있다. 알뜰폰 가입 회선 수는 2021년 1,000만 개를 돌파했다. 이 가운데 598만 건이 휴대전화 가입자이고 나머지는 사물인터

넷IoT 가입자다. 그리고 휴대전화 가입자 가운데 외국인, 유학생 등이 대부분인 선불요금 가입자 163만 명을 제외한 435만 명이 후불요금 가입자다. 바로 이 435만 명이 가상 번호를 활용한 여론조사에서 원천 제외된다. 알뜰폰은 요금이 저렴해서 60대 이상 고령층과 20~30대 청년층이 주로 사용한다. 이들 연령의 정치 성향을 고려해 여론조사 결과를 주의해서 읽어야 한다. 이 두 연령층이 서로 상반된 정치 성향을 보인다면 상호 중화되어 여론조사 결과가 한 방향으로 치우치는 정도를 자동으로 보완할 수는 있다.[41]

응답률, 여론조사 비밀의 열쇠

2022년 대통령 선거에서는 투표 전 여론조사와 개표 후 실제 득표율이 큰 차이를 보였다. 사전 여론조사에서는 윤석열 후보가 3.7% 포인트 차이로 이재명 후보보다 앞섰지만[42] 실제 투표에서는 불과 0.73% 포인트 차이로 가까스로 승리했다. 서울대 언론정보학과 한규섭 교수는 그 요인으로 여론조사에서 20~30대 여성 등의 낮은 응답률을 들었다. 이재명 후보 지지율이 높은 20대 여성들이 각종 사전 여론조사에서 응답하지 않아서 윤석열 후보가 이재명 후보를 크게 이겼지만 실제 투표에서는 두 후보 사이의 격차가 미미했다고 보았다. 여론조사에서 20대 여성 응답률은 같은 연령대 남성과 비교하면 절반 정도였다. 그래서 이재명 후보 지지율이 여론조사에서 너무 낮게 조사되었다고 분석했다.[43]

여론조사를 포함한 모든 표본조사의 핵심은 무작위 추출이다.

조사 대상인 각 개인이 뽑힐 확률이 동일해야 한다. 전화 면접 조사나 ARS 조사라면 모든 사람이 여론조사 기관에서 전화를 받을 확률이 같아야 한다는 의미다. 앞에서도 잠시 언급했지만 우리나라의 선거 여론조사 방법인 전화 면접 조사나 ARS 조사는 엄격한 의미의 무작위 추출은 아니다. 유선전화나 휴대전화가 없는 사람들은 애초에 여론조사 표본에서 제외되는 한계가 있기 때문이다. 하지만 이로 인한 여론조사 왜곡은 크지 않다.

여론조사의 신뢰도를 약화하는 가장 심각한 요인은 낮은 응답률이다. 응답률이 낮은 이유는 여러 가지다. 바쁘기도 하거니와 선거에 특별히 관심이 없어서가 큰 이유일 것이다. 일반적으로 지지 후보가 없는 경우, 지지 후보가 있는 유권자에 비해서 응답률이 낮다. 우리나라의 선거 여론조사 응답률은 조사마다 차이가 많은데 5~20% 수준이다. 문제는 우리나라 응답률이 국제 기준과는 다르다는 점이다. 국제 기준은 접촉률(전화를 걸어서 일단 받는 사람 비율)과 협조율(전화를 받은 사람 가운데 끝까지 응답을 마친 사람 비율)을 곱해서 응답률을 구한다. 우리나라의 응답률은 국제 기준으로 보면 협조율에 해당한다. 따라서 우리나라의 5% 응답률은 접촉률이 20%라면 국제 기준으로는 1% 수준이다.

그렇다면 접촉률이 20%이고 협조율은 5%여서 응답률(국제 기준으로)이 1%인 경우를 자세히 살펴보자. 이는 10만 개 전화번호를 시도해 그중 2만 명이 전화를 받았고, 받은 사람 가운데 1,000명이 응답을 끝까지 마친 경우다. 결국 100명에게 전화를 걸고 1명이 응답을 했다는 의미다. 번호 10만 개를 무작위 추출했어도 여론조사는 1,000명의 소수가 자기 선택으로 참여한 것이나 마찬가지다.[44]

높은 무응답률도 문제지만 더 심각한 것은 무응답자들이 특정한 성향을 보이는 경우다. 이를 무응답 바이어스non-response bias라고 한다. 이 경우에는 후보 지지율에 심각한 왜곡이 일어난다. 독재나 권위주의 정부에서 야당을 지지하는 층이 지지 의사를 밝힐 수 없는 상황이라면 여론조사로 지지율을 제대로 알 수 없다. 최근에는 반대로 특정 지지층이 여론조사에 적극적으로 응해서 여론조사 결과가 왜곡된다는 지적이 있다. 만일 20만 명의 지지층이 100% 여론조사에 응답한다면(나머지 유권자의 응답률은 5%라고 가정한다.) 이들은 전체 유권자 2,000만 명의 1%지만 여론조사에서는 20%를 대표하게 된다. 지지율 1% 후보가 여론조사에서는 20%를 얻는 황당한 결과가 나온다. 전체 유권자의 응답률이 낮아질수록 이러한 과대 대표로 인한 왜곡은 더 심각해진다. 그래서 여론조사에 응하는 적극적 지지층 확보에 혈안이 되어 있는 게 현재 정치 상황이다.

낮은 응답률을 해결하는 방법은 두 가지다. 하나는 적극적으로 응답률을 높이는 방안이다. 응답률이 높아지면 무응답 오차의 크기를 줄일 수 있다. 그리고 무응답 바이어스가 후보 지지율을 심각하게 왜곡할 가능성도 줄일 수 있다. 응답률을 높일 수 있도록 적절한 협조 요청 문구를 만들고 조사 소요 시간을 줄이며 설문 내용을 단순화해야 한다. 또한 응답자에게 혜택을 제공할 수도 있다. 다른 하나는 무응답 바이어스를 추정해서 조사한 후보 지지율을 조정하는 방안이다. 사전 정보와 주관적인 추정을 통해서 무응답자의 특성을 파악하고 반영하는 것이다. 전화 조사의 경우 무응답자에게 다시 전화를 걸어서 정치적 성향을 묻는 간단명료한 질문을 하고 응답을 받는 추적조사를 한다면 무응답자들의 성향을 파악할 수 있다.

하지만 이런 방법은 낮은 응답률로 인한 여론조사의 왜곡을 막는 근본 해결책은 아니다. 여론조사로 후보를 결정하는 방식의 오남용이 여론조사 왜곡을 초래하고 있다. 여론조사의 한계와 문제점을 올바로 인식하고 여론조사를 원래의 취지에 맞게 제한적으로 사용해야 한다.

정확한 출구조사에는 어떤 비밀이?

2022년 20대 대통령 선거에서 방송사 공동예측위원회KEP: Korea Election Pool의 출구조사에서는 윤석열 후보가 이재명 후보를 0.6% 포인트 차이로 이긴다고 예측했다. 투표 전까지 5~10% 포인트 앞선다고 본 윤석열 후보 측은 긴장했고, 겉으로는 간발의 차이라고 하면서도 내심 패배를 예감했던 당시 여당인 이재명 후보 측은 희망의 불씨를 살렸다. 국민들 대부분도 출구조사 결과에 반신반의했다. 밤새 각축하던 두 후보자의 득표율 차이는 실제로 0.73% 포인트였으니 출구조사는 놀랄 만큼 정확했다. 선거 전 지지율 여론조사는 오락가락했고 상반된 결과가 동시에 나오기도 했기에 정확한 출구조사에 사람들은 의아해했다. 그렇다면 정확한 출구조사에는 어떤 비밀이 있을까?

출구조사는 1995년 '공직선거 및 선거부정방지법' 개정으로 허용되었다. 언론사는 총선, 대선, 지방선거에서 출구조사를 시행한다. 선거 출구조사에서 보통 대선은 투표자의 0.3%, 총선은 투표자의 2.4% 정도를 조사해서 결과를 예측한다. 도입 초기에는 경험과 예산 부족, 조사 방법의 한계, 방송사끼리의 경쟁 등으로 미흡한 면이 있었다. 출구조사와 개표 결과의 차이, 각 언론사별 조사 결과의 차이가 커서 상당한 혼선을 초래했다.

한국방송협회와 KBS, MBC, SBS 지상파 방송 3사는 2010년 지방선거에 대비해 이전 출구조사의 문제점을 시정하고 미국의 ABC, AP, CBS, CNN, FOX, NBC 등 6개 언론사·통신사가 공동 출자한 공동예측조사기구 'NEPNational Election Pool' 등을 벤치마킹해서 방송사 공동예측조사위원회를 결성했다.[45] KEP는 통계의 과학적 접근 방법에 충실하고 공신력이 큰 미디어리서치, 코리아리서치, TNS 3개 조사 업체를 선정해서 정확한 출구조사 결과를 제공했다. 그 이후에도 조사의 정확성을 꾸준히 개선했고, 2017년 5월 19일 제19대 대통령 선거에서 지상파 방송 3사의 출구조사는 인공지능AI 수준으로 매우 정확했다는 평가를 받았다.

이런 변화는 어떻게 가능했을까? 상당수 유권자들이 특정 후보 지지 여부를 결정하지 않은 상황에서 이루어지는 사전 지지도 조사와 달리 출구조사는 투표를 마친 유권자에게 방금 투표한 후보가 누군지를 묻는 것이므로 답변이 대체로 정확하다. 또한 지상파 방송 3사의 출구조사는 표본 오차를 줄이기 위한 과학적 조사 설계를 시도했다. KEP는 선거구를 정치 성향이나 물리적 환경에 따라 서로 겹치지 않도록 여러 단위로 구분하는 층화 작업을 한다. 이렇게 나눈 뒤 각 층별로 선거구를 정렬하고, 일정 간격으로 투표소를 추출해서 출구조사를 벌인다. 이를 '층화 후 정렬 계통추출법'이라 한다.

비표본 오차를 줄이려고 조사 과정도 엄밀하게 관리했다. 현장 답사를 거쳐 출구조사가 어려운 투표소를 조사 대상에서 뺀 후 유사한 다른 투표소로 대체했다. 1995년에는 조사 가능한 거리 기준이 투표소에서 500m였는데 점차 완화되어 현재 50m로 바뀌었다. 이를 활용해 투표자와 행인을 더 확실하게 구별할 수 있었으며, 50명마다 1명꼴로 조사하는 방법처럼 투표자 사이 등간성을 확보했다. 아울러 정확한 조사를 위해서 수천 명의 충분한 조사원을 투입하고 교육 매뉴얼 개발, 조사원 교육 등을 내실 있게 실시했다. 또한 사전투표, 본투표 종료 전 1시간 투표, 재외국민 투표(대선과 총선 한정) 등의 보정방법을 다듬었고 투표의 비밀을 유지하기 위해서 '질문지 이용 방식ballot method'을 채택했다.

그러나 유권자의 투표 성향과 행태는 계속 변하기 때문에 출구 조사 방법도 이에 따라 조정이 필요하다. 최근 출구조사에서 가장 어려운 점은 선거 때마다 사전투표율이 점차 상승해서 20대 대선에는 36.9%에 이른 것이다. 이전 출구조사에서는 동일한 지역, 연령, 성별이라면 사전투표자나 당일 투표자가 같은 정치 성향을 가질 것이라는 가정 아래 중앙선관위가 제공하는 지역, 성, 연령 인구통계 자료를 반영해서 사전투표 예상 득표율을 산출했다.[46] 그러나 제

20대 대선에서는 사전투표 직후인 3월 6일과 7일 이틀 동안 1만 명의 표본을 대상으로 전화 여론조사를 실시하고, 이 결과를 바탕으로 당일 본투표 현장 조사 결과를 보정해서 정확성을 높였다. 전화 여론조사로 사전투표를 했는지 본투표를 할지 묻고, 지지 후보를 물어 그 결과를 가지고 본투표 현장 조사 결과를 보정했다. 2017년 대선부터 젊은 세대와 진보 성향 유권자의 사전투표 참여 비율이 높아진 사실을 고려해서 보정 방법을 개선한 것이다. 사전투표 보정이 이번 20대 대선 출구조사에서 정확성을 높인 신의 한 수였다.

여론조사 결과
바로 읽기

언론보도의 여론조사 결과 비틀기

여론조사에 영향을 미치는 다양한 요인과 고려할 부분을 지금까지 알아보았다. 이제 우리 사회 곳곳에서 여론조사를 어떻게 비트는지 익숙한 사례를 들어 프로크루스테스의 함정을 파헤쳐 보자.

"1인당 카카오톡 메시지 송수신이 하루 220개에 이른다."는 보도가 있었다. 이 문구로는 한국인 전체의 평균이라고 잘못 생각할 수 있으므로 '카카오톡을 이용하는 사람 1인당 카카오톡 메시지 송수신이 하루 220개에 이른다.'고 명확하게 표현해야 한다. 2021년 만 19세 이상 인구의 28%가 고혈압 환자라고 한다. 중년인 40세 이상 인구에서는 그 비율이 더 높을 것이다. 따라서 고혈압 인구 비율을 보고한다면 조사 대상이 전체 인구인지, 성인 인구인지, 40세 이상인지 분명하게 밝힐 필요가 있다. 조사 대상 모집단을 정확하게 알리면서 조사 결과를 보고해야 한다.

표본 크기가 너무 작다면 여론조사 결과가 정확하게 모집단의 의견을 반영할 수 없기에 그 조사 결과를 공표하거나 보도해서는 안 된다. 중앙선거여론조사심의위원회의 '선거 여론조사 기준'은 표본의 최소 크기를 대통령 선거나 전국 단위 조사는 1,000명, 광역단체장 선거나 시·도 단위 조사는 800명, 지역구 국회의원 선거나 시·군·자치구 단위 조사는 500명, 지역구 지방의회 의원 선거는 300명으로 규정하고 있다. 이에 대해서 한국정당학회는 광역단체장 선거나 시·도 단위 조사는 대통령 선거와 같이 1,000명(세종특별자치시는 800명)으로 늘리도록 권고했다. 표본의 크기가 작을수록 오차 범위가 커진다.

선거 여론조사의 경우 정부와 자율 규제 기구가 조사의 과학성, 객관성 그리고 공정성 확보를 위해 어느 정도 개입하고 있다. 그런데 선거와 관련이 없는 정치나 정책에 관한 여론조사는 1년 내내 시행하고 발표하지만 규제와 감시의 사각지대에 놓여 있다. 선거만큼 사람들의 관심을 끌지는 못하지만 정책이나 대중의 의사 결정에 영향을 주는 만큼 과학성, 객관성 그리고 공정성을 확보하는 방향으로 시행하고 분석하며 공표해야 한다. 또한 여론조사 결과는 언론이 부분 발췌해 대중에게 전달한다. 이러한 상황에서 여론조사 결과에 대한 언론의 정확한 보도가 중요하다.

언론은 대중의 관심과 시선을 잡기 위해 과장해서 보도하는 경향이 있다. 통계 관점에서 의미가 없는 후보자·정당·집단 사이의 차이, 시점 사이 변화를 실질적 의미가 있는 변화로 과장 보도한다. 또한 근소한 차이가 나는 후보들을 단순히 지지율 순서로만 나열해서 후보들 사이에 지지도 서열이 확실해 보이도록 한다. 이를 경계해서 한국기자협회는 자율적으로 앞에서 언급했듯이 '선거 여론조사 보도 준칙'을 만들었다. 준칙에 따르면 후보자 또는 정당의 지지율과 선호도가 오차 범위 안에 있으면, 서열화하거나 순위를 매기지 않고 '오차 범위 안에 있다.' 또는 '경합하고 있다.'고 보도해야 한다. 수치만을 나열해서 제목을 달지 않는다. '오차 범위 내에서 1, 2, 3위를 차지했다.'고도 표현하지 않는다. 나아가 지지율, 선호도의 상승이나 하락 보도도 표본 수나 최대 표본 오차, 조사 결과 추세 등을 모두 고려해서 신중하게 보도하도록 하고 있다.

조사 결과 자체를 그대로 기술하지 않고 불명확하게 표현하거나, 공표 또는 보도하는 사람의 주관적 견해를 섞는 경우도 문제다. '대다수가 그 입법안에 대해 찬성했다.'는 표현보다는 '72%의 응답자가 그 입법안에 대해 찬성했다.'라고 써야 한다.

객관식의 조사라면 공표나 보도 내용에서 그렇다는 사실을 밝혀야 한다. 그렇지 않으면 조사 결과에 담긴 의미를 왜곡할 수 있다. 예를 들어 「교수신문」은 매년 말 대학교수들을 대상으로 설문조사를 실시해 그해의 사회상을 반영하는 사자성어를 선정한다. 2021년 말에는 '묘서동처猫鼠同處(고양이와 쥐가 한자리에 있다는 의미다.)'가 뽑혔다. 우리 사회의 공정한 법 집행 약화를 지적한 것으로 풀이할 수 있다.

주의해야 할 언론보도 속 표현

보도 내용	정정	이유
"1인당 카카오톡 메시지 송수신이 하루 220개에 이른다."	"카카오톡 이용자 1인당 카카오톡 메시지 송수신이 하루 220개에 이른다."	조사 대상 모집단을 정확하게 알리면서 조사 결과를 보고해야 한다.
"2021년에 인구의 28%가 고혈압 환자다."	"2021년에 만 19세 이상 성인 중 28%가 고혈압 환자다."	
"오차 범위 안에서 1, 2, 3위를 차지했다."	"오차 범위 안에서 경합하고 있다."	오차 범위 안에 있을 때는 순위를 매겨 서열화하지 않는다.
"대다수가 그 입법안에 대해 찬성했다."	"72%의 응답자가 그 입법안에 대해 찬성했다."	주관적 견해를 섞지 않고 조사 결과를 그대로 기술한다.
"A백신 효과율은 50.97%다."	"A백신 효과율은 50%다."	소수점을 사용하면 의도적으로 신뢰도가 높다는 인상을 주려는 의도다. 정수를 사용한다.

이는 몇 사람의 추천위원단이 사자성어 후보를 1차로 골라 제시하고 조사 대상자들이 그중에서 선택했다는 과정을 알면 독자들도 이런 점을 감안해 이해할 것이다.

조사 결과를 보도할 때 비중이나 증가율을 표기하며 소수점을 사용하는 것도 조심해야 한다. 보통 소수점을 사용하면 조사의 정확도가 높다는 인상을 받는다. 예를 들어서 'A백신의 효과율은 50%다.'라고 할 때보다 'A백신의 효과율은 50.97%다.'라고 하면 더 높

세상을 바로 보는 힘
통계 안목

은 신뢰감을 준다. 하지만 꼭 필요한 경우를 제외하고는 백분율을 '50%'와 같이 정수로 표현하는 편이 적절하다. 김영원 전 중앙 선거 여론조사 심의위원장은 지지율을 소수점 아래까지 보도하는 관행을 문제로 지적하면서 "독자들에게 정확하게 보이도록 왜곡시킬 수 있다. 소수점 아래를 논할 정도로 우리나라 여론조사가 정확한 게 아니다. 미국, 영국, 일본 등 어디도 소수점 아래까지 쓰는 나라는 없다."고 말했다.[47]

조사 결과를 그림으로 나타내는 인포그래픽을 사용할 때도 차이나 변화를 과장하거나 축소하는 왜곡이 이루어질 수 있으므로 주의해야 한다. 또한 표나 그림으로 조사 결과를 나타낼 때는 데이터 제목, 조사 기관, 조사 시점, 모집단과 표본 등을 정확하게 표기해야 한다. 한국기자협회는 후보자·정당 간의 지지율 또는 선호도 차이가 오차 한계 범위 내에 있을 경우에는 표, 그림, 그래프 등을 동등한 크기와 조건으로 작성하도록 하고, 다른 조사 결과와 비교할 때 그 차이를 과장 또는 축소하지 않도록 규정하고 있다. 1장에서 언급했던 것처럼 그래프의 시작점을 높이거나 입체로 표현하면 차이나 변화를 과장할 수도 있으니 주의해야 한다.

'모르겠다'는 응답을 제외하고 계산한 응답 간 비중을 제시하는 경우 오해를 불러일으킬 수 있다. 예를 들어 어떤 법안을 찬성하는 의견 비중이 '모르겠다'는 응답 40%를 제외한 답변 중 60%라고 하자. 그러면 찬성 의견은 전체 표본 중에서 36%에 불과한데 마치 과반수 이상의 구성원이 찬성한다고 인식할 소지가 있다.

여론조사에 속지 않으려면

미국의 저술가 대럴 허프는 『새빨간 거짓말, 통계』에 거짓 통계를 가려내는 다섯 가지 체크 포인트를 제시했다. 첫째, 누가 그런 통계를 만들어 발표했는지를 보라고 한다. 동일한 생산성과 임금 데이터를 두고서 경영자와 노조가 상반된 주장을 하는 건 잘 알려져 있다. 한편, 통계 작성자가 권위 있는 전문가임을 내세우는 통계는 더 꼼꼼히 따져 봐야 한다. 둘째, 어떤 방법으로 조사했는지 보라고 한다. 정말로 표본을 임의로 추출했는지, 표본의 수가 충분한지 살펴보아야 한다. 셋째, 감추어진 정보를 찾으라고 한다. 특별한 요인이나 사정이 통계에 영향을 주었는지 살펴봐야 한다. 넷째, 쟁점 바꿔치기에 조심하라고 한다. 통계는 당초 조사의 목적에 한정해서 활용되어야 한다. 다섯째, 상식에 비추어 타당한지 보라고 한다. 상식과 경험에 비해 지나치게 과장된 통계는 왜곡되었을 가능성이 높다. 이러한 통계를 바로 읽는 다섯 가지 체크 포인트는 선거 여론조사 결과를 바로 읽는 데도 적용할 수 있다.

선거에서 후보나 정당의 지지도를 묻는 여론조사는 민심을 파악하는 유용한 도구다. 선거 판세를 분석하고 선거 승리 전략을 설계하는 데 여론조사를 활용할 수밖에 없다. 특히 당락에 영향을 미치는 후보 지지율 여론조사를 악용해서 민심을 왜곡하고 싶은 유혹을 떨쳐버리기 어렵다. 이때 여론조사 기관들이 시시각각 발표하는 후보 지지율에 속지 않는 비책은 없을까? 여론조사가 나올 때마다 설문지 문항, 표본 추출 방법, 조사 방법 등을 꼼꼼히 따지면 옥석을 가릴 수 있을까?

선거 여론조사 결과를 바로 읽는 핵심 체크 포인트는 세 가지라고 생각한다. 첫째, 서로 다른 조사 기관의 결과를 시시콜콜 비교하면서 일희일비하지는 말자. 조사 기관(또는 조사 의뢰 기관)에 따라 표본 추출 방법, 조사 방법, 설문 내용에 차이가 있어서 여론조사 결과 역시 큰 차이가 난다. 개인이 조사 기관을 분석해서 편향성의 정도를 알아내는 건 어렵다. 현실적인 방법은 주어진 편향성을 인정하고 조사 결과를 읽는 것이다. 이런 편향성을 '하우스 효과house effect'라고 한다. 특정 조사 기관이 조사 방법을 바꾸지 않는 한 조사 결과에 반영된 편향성은 일정하다. 따라서 동일한 조사 기관의 조사 결과를 시간적으로 추적하는 것은 의미가 있다. 그리고 동일한 조사 기관이 발표하는 특정 후보자의 지지율 변화를 보아야지 후보자들 간의 순위나 차이를 비교하는 건 신중해야 한다. 조사를 의뢰하고 비용을 지불한 연구자나 광고회사나 정당이나 언론사가 어떤 의도를 가지고 있는지 파악하는 일은 여론조사 결과의 허실을 평가하는 데 유용하다.

둘째, 표본이 모집단을 대표할 수 있는지, 표본의 크기는 충분한지 따져 봐야 한다. 최근의 후보 지지율 여론조사는 가상 전화번호를 받거나 임의 전화 방식으로 생성하므로 임의성은 크게 문제되지 않는다. 다만 무선전화만을 사용했는지 아니면 유선전화와 무선전화를 혼합해서 사용했는지에 따라 표본의 대표성에 차이가 생기고 결과가 다를 수 있다. 표본의 크기도 대체로 1,000명 내외를 조

여론조사에 속지 않으려면 기억할 것들!

첫째, 서로 다른 조사 기관의 결과를 비교하면서 일희일비하지는 말자. 현실적인 방법은 여론조사마다의 편향성을 감안해서 조사 결과를 읽는다. 서로 다른 조사 기관의 결과를 비교하지 말고 한 여론조사 기관의 조사 결과를 장기적으로 보면서 추세를 읽는다.

둘째, 표본이 모집단을 대표할 수 있는지, 표본의 크기는 충분한지 따져 봐야 한다. 특히 여론조사의 일부분을 떼어서 결과를 해석할 때는 그 일부분의 표본 수가 충분한지 살펴보아야 한다.

셋째, 응답률이 낮은 경우에 비응답자의 편향성이 있는지 다시 생각해 봐야 한다. 응답률이 높은 경우에는 역선택 가능성을 염두에 두어야 한다.

사하므로 문제되지 않는다. 그런데 여론조사의 일부만을 떼어내서 의미를 부여하는 경우는 조심해야 한다. 잡지 「여성시대」는 리서치뷰가 2022년 1월 조사한 결과를 인용하면서 "심상정, 20대 여성 지지율 29%로 1위"라고 보도했다. 조사는 1,000명을 대상으로 했지만, 그중 20대 여성은 62명에 불과했다. 62명을 조사해서 후보자 사이의 순위를 매기는 건 통계적으로 위험하다. 여론조사에서 흥미로운 부분에 초점을 맞추다 보니 표본 수를 감안하지 못한 경우다.

셋째, 응답률이 지나치게 낮은 경우에는 여론조사 결과가 왜곡되었을 가능성이 높다. 여론조사에 응하지 않은 사람들이 특정한 편향을 가질 가능성이 있기 때문이다. 이렇게 되면 당초의 표본 추출이 아무리 대표성을 갖도록 무작위 추출되었더라도 일정한 편향성을 가진 사람들이 조사에 응하는 자발적 선택에 의한 조사 방식으로 변질된 셈이다.

한편, 지나치게 높은 응답률도 신중하게 원인을 분석해야 한다. 특히 역선택이 영향을 미쳤는지 체크해야 한다. 지난 2022년 서울시장 보궐선거에서 야당은 여론조사로 오세훈과 안철수 중 후보를 결정했다. 원래 이 여론조사는 3월 22일과 23일 이틀에 걸쳐 조사할 예정이었지만 하루 만인 22일 저녁 8시에 여론조사가 마감되었다. 높은 응답률로 빨리 마칠 수 있었다고 한다. 여론조사의 구체적인 결과는 양측 합의로 발표되지 않아서 응답률을 정확히 알 수는 없다. 높은 응답률은 유권자의 높은 관심도를 반영하기도 하지만 당시 여당 지지자의 역선택 응답이 영향을 미치기도 했을 것이다.

후보 지지율 여론조사는 그야말로 참고용으로만 활용해야 한다. 여론조사를 만능으로 여기는 순간 어김없이 프로크루스테스가 출현해서 여론조사 자체를 왜곡시킨다. 그 예로 정당의 후보를 결정하는 방법으로 여론조사를 활용하자 역선택이 난무하게 된 것이다. 정당원이 아닌 일반 유권자를 대상으로 한 여론조사로 정당의 후보자를 결정하는 방식을 채택하자 유권자도 더 이상 수동적으로 여론조사에 응하지 않는다. 종전에는 반대당의 후보 지지도 조사에는 관심조차 보이지 않았을 뿐 아니라 응하지 않는 게 관행이었다. 그런데 여론조사로 후보를 결정하게 되면서부터 반대당의 후보 지지도 조사에서 약한 후보자가 뽑히도록 전략적으로 응답한다. 유권자들도 스스로 프로크루스테스로 변신해서 수상한 여론조사 결과를 만들어 냈다. 다시 우리 선거 문화를 근본적으로 되돌아볼 때다.

4장

코로나19에 맞서는
통계

팬데믹에서 길을 찾는
통계

통계로 사회의 건강을 지키는 역학

코로나19 이전에도 인류는 각종 전염병으로 생존을 위협받았다. 때때로 전염병은 인류의 역사를 바꾸기도 했다. 기원전 430년 펠로폰네소스 전쟁에서는 아테네를 중심으로 델로스 동맹이 결성됐다. 여러 지역 사람들이 모이며 전염병이 퍼진 아테네는 결국 스파르타의 펠로폰네소스 동맹에 패배했다. 그 뒤에 우리에게 가장 잘 알려진 팬데믹이 또 등장하는데 1347년 유럽을 휩쓴 흑사병이다. 까뮈의 소설 『페스트』로도 유명하다. 당시 유럽 인구의 1/3인 2,500만 명 이상이 사망한 인류 역사상 가장 치명적인 전염병이다. 흑사병은 노동력의 상실로 이어져 장원경제를 근간으로 하는 중세 봉건시대의 종말을 초래했다.

20세기 들어서는 1918년 스페인 독감이 유행했다. 사실 스페인 독감은 스페인이 아닌 미국에서 시작되었다. 제1차 세계대전 중이었던 때라 미국을 비롯한 참전국은 전염병 유행 사실이 알려지지 않도록 강력하게 언론을 통제했다. 당시 중립국이었던 스페인에서 이 독감의 존재가 세계에 알려지기 시작했기 때문에 '스페인 독감'으로 불렀다. 우리나라에서도 유행해 당시 '무오년 독감'이라 했는데 약 14만 명이 사망했다. 스페인 독감으로 인한 전 세계 사망자를 모두 합하면 약 5,000만 명에 달했다. 놀랍게도 스페인 독감의 원인이 인플루엔자 바이러스A/H1N1라는 사실은 2005년에야 밝혀졌다. 그 이후에도 우리를 긴장하게 만든 전염병은 계속 발생했다. 1968년 홍콩 독감, 2002년 사스, 2009년 신종 플루, 2012년 메르스, 2014년 에볼라가 인류의 생명을 위협했다. 최근 역학은 코로나19 팬데믹으로 다시 주목을 받았다.

　　역학은 오랜 역사를 가진 의학 분야다. 기원전 500년경 히포크라테스 등이 질병 발생에 환경 요인이 미치는 영향력을 연구하면서 시작되었다. 하지만 학문적 틀은 19세기에 대유행한 콜레라에 맞서 싸우면서 확고해졌다. 1853년부터 2년간 콜레라가 유럽을 강타했다. 프랑스에서는 14만 명, 영국에서는 2만 명의 생명을 앗아갔다. 당시 콜레라는 오염된 물건, 공기 등을 통해 전파된다고 생각해서 오염이 의심되는 물건은 멀리 떨어진 강에 버렸다. 콜레라 확산을 막은 시발점은 통계적 분석이었다. 영국의 의사 존 스노우는 전파 경로에 의심을 갖고 사망자가 발생한 장소를 지도에 표시했는데

이를 통해 중요한 사실을 파악했다. 콜레라 환자들이 브로드가의 한 우물을 중심으로 발생했음을 확인하고 콜레라가 오염된 식수로 전염된다는 사실을 알아낸 것이다. 그는 우물을 폐쇄하자고 주장해서 콜레라의 확산을 막았다.[48]

15세기 이후 과학의 획기적 발전은 신화나 종교에 갇혀 있던 인간의 사고가 과학적 사고로 전환되면서 가능했다. 그 과학적 사고의 틀을 제시한 철학자가 프랜시스 베이컨이다. 그는 "아는 것이 힘이다."라고 외치며 귀납법을 설파했다. 귀납법이란 실험과 관찰을 통해서 원리와 법칙을 발견하는 과학적 사고다. 어떤 현상에 대한 모든 자료를 수집하고 분류해서 어떤 흐름이나 추세를 발견하고 이를 일반화시키는 방법이다. 이렇게 자료를 처리하고 분석하는 과정에서 통계를 다루는 기술이 획기적으로 발전했다. 관찰과 실험은 현대 과학의 가장 중요한 수단이고, 이를 통해 얻은 자료를 사람들은 통계 기법을 이용해 체계적으로 분석한다.

근대 의학 발달에 통계는 초기부터 중요한 역할을 했다. 특히 통계적 연구 방법은 집단의 질병과 전염병을 연구하는 역학 분야에서 큰 비중을 차지했다. 역학疫學, epidemiology은 '어떤 인구 집단에서 일어나는 질병과 건강 상태의 변화를 추적하고 탐구하는 학문'이다. 의학은 환자 개개인의 병을 고치고 건강을 유지하도록 돕는 일이 최우선이지만, 역학은 환자 한 사람 한 사람이 아니라 인구 집단의 건강과 안전에 관심을 갖는다. 역학은 질병의 원인과 치료법을 환자 개인을 대상으로 하는 검사와 처치에서 구하지 않는다. 대신에 질병에 걸린 집단을 대상으로 인구 특성과 지역 분포 등을 조사 분석해서 질병의 발생 원인을 밝히고 치료법을 찾는다. 전염병을 예방하고 방제하는 의미가 커서 유행병학 또는 집단병리학이라고 한다. 의학자가 주로 의존하는 실험과 해부보다는 통계적 분석이 역학자의 가장 강력한 무기다.

역학은 폐암과 담배의 관계를 밝히는 데도 큰 역할을 했다. 둘 사이의 연관성은 1930년대부터 제기되었다. 장기 흡연자가 폐암으로 사망해 담배 회사를 상대로 소송할 때 흡연과 폐암의 인과관계를 두고 다툼이 벌어진다. 담배 회사들은 역학 연구가 인구 집단을 대상으로 한 것이라서 개별 환자의 질병 원인으로 단정 지을 수 없다고 주장한다. 그리고 장기간 흡연을 해도 폐암에 걸리지 않은 사람들이 많고 반대로 담배를 전혀 피우지 않았는데도 폐암에 걸린 사람도 있다고 항변한다. 하지만 역학 연구의 발전에 힘입어 요즘에는 특정 인자의 상대적 위험도가 일정 수준을 넘어서면 특정 인자와 발병 사이의 개연성도, 개별적 인과관계도 인정하는 추세다.

흡연이 어떻게 폐암을 발생시키는지에 대한 세포 내 반응과 각종 병리 현상에 대한 확실한 이론(이를 의학적 발병 기전이라고 한다.)이 아직까지 정확히 밝혀지지 않았다. 하지만 그동안 통계적 연구의 결과로 폐암 발생 위험이 직접 흡연으로 약 13배, 간접흡연으로 약 1.5배 증가하는 것으로 밝혀졌다. 역학은 사회 전체의 안전과 건강에 초점을 맞추고 문제 해결을 우선에 둔다. 의학이 최종 해답을 아직 내놓지 못한 상황에서 역학이 나서야 하는 이유다. 코로나19 팬데믹에서도 역학이 문제를 발견하고 해결책을 제시하는 길잡이로서의 역할을 톡톡히 해 오고 있다.

공포와 패닉을 극복하는 통계

2020년 초에 코로나19 사망 원인 중 하나로 '사이토카인 폭풍'이 알려졌다. 평소에 건강하던 젊은 환자도 사망한다는 사실에 누구나 사망에 이를 수 있다는 극도의 공포심을 자아냈다. 사이토카인이란, 전염병으로 인한 면역과 치료 과정에서 우리 몸(면역세포)에서 자동으로 발동하는 정상적인 신호 체계다. 이런 사이토카인이 비정상적으로 과다하게 반응할 경우에 장기가 손상되어 사망에 이르는데, 바로 그 과도한 반응이 '사이토카인 폭풍'이다. 코로나19 바이러스만이 아니라 모든 바이러스와 세균 감염에서 발생한다. 생소한 이름도 공포감 증폭에 한몫했다.

백신 접종으로 인한 이상 증세도 사람들에게 공포로 다가왔다. 그 가운데 '아나필락시스'라는 이름의 이상 증세가 눈길을 끌었다. 면역반응 때문에 일어나는 과민 쇼크 반응이다. 모든 음식이나 약물에서 발생할 수 있는 이상 증세로 특정 음식이나 물질을 먹거나 접촉했을 때, 벌에 쏘였을 때 몸에서 나타나는 과민 반응이다. 즉시 치료하면 문제가 없지만 치료가 지연되면 치명적일 수도 있다. 백신 접종 후 20분 동안 병원에 머무르며 이상이 없는지 확인하는 이유도 이 때문이다. 기침, 발진, 구토, 호흡곤란, 의식 소실 등의 증상을 보인다. 아나필락시스 역시 요상한 이름 때문에 초기 백신 공포감을 고조시켰다.

특정한 사건이 사람들에게 극도의 공포심을 주면 합리적인 대응이 어렵다. 각국 정부나 보건당국도 마찬가지다. 국민의 생명과 건강을 지켜내지 못한 비난과 책임을 고스란히 질 수밖에 없다. 이런 상황에서 정부는 가장 보수적이고 안전한 선택을 하게 된다. 그리고 정부의 선택을 일방적으로 국민들이 고스란히 따라야 하는 상황에 처한다. 특히 코로나19처럼 아주 생소한 질병에 대한 초기 대응은 참고할 만한 통계가 없어서 더욱 그렇다.

2019년 말부터 퍼진 코로나19 바이러스로 온 인류가 고난을 겪고 있다. 그로 인한 피해와 고통은 세 가지 정도로 요약된다. 첫째는 코로나19 감염에서 오는 신체적 고통과 죽음이다. 둘째는 코로나19 확산 방지 정책인 봉쇄와 사회적 거리두기로 인한 삶의 억압과 경제적 위축이다. 그리고 마지막으로 코로나19의 공포로 발생한 정신적 스트레스다.[49] 완벽한 백신이나 치료제를 발명하면 피해를 대폭 줄일 수 있다. 그러나 코로나19 발발 3년이 지난 시점에도 그런 백신과 치료제는 나오지 않고 있다. 팬데믹을 종식시킬 완벽한 무언가를 기대하는 건 포기해야 할지도 모른다. 그렇다고 손 놓고 피해를 고스란히 받을 수는 없다. 최선의 대응은 통계를 효과적으로 활용하는 것이다.

이런 위기 상황에 통계 왜곡과 오류로 인한 혼란은 문제를 오히려 더 심각하게 한다. 통계 왜곡은 체계적인 코로나19 방역과 백신 접종의 방해로 사망자와 중증환자를 양산한다. 그리고 부정확한 통계는 봉쇄와 사회적 거리두기의 강도와 기간을 과도하게 또는 미흡하게 만들어서 피해를 키울 뿐만 아니라 사람들로 하여금 불필요한 의구심과 공포심을 갖게 한다. 정보가 부족하면 예외적인 특정 사례가 필요 이상의 공포를 주고 패닉에 이르게 한다.

2020년 코로나19 바이러스 발병 초기에는 감염자를 죄인처럼 취급하고 접촉자는 범죄의 공모자처럼 추적했다. 휴대전화를 역학조사의 강력한 수단으로 활용했고, 사회의 안전이라는 미명 아래 개인의 자유와 비밀은 설 곳을 잃었다. 확진자는 스스로를 사회에서 격리시켜 두 평 남짓한 공간에 가두었다. 회복 뒤에도 전염병의 숙주가 되었다는 죄책감과 주위의 따가운 시선에 시달렸다.

'백신패스'도 마찬가지다. 백신 미접종자는 여러 사람이 이용하는 식당이나 대형마트 출입에 제한을 받았다. 이를 어기면 사회 공동체의 안전을 무시하는 이기주의자로 취급받았다. 백신 접종 유효성과 부작용에 대한 논란은 초기부터 뜨거웠다. 백신 접종을 적극 추진하는 정부로서는 백신의 효과는 부풀리고 부작용은 덮으려고 했다. 우리나라에서는 코로나19 백신안정성위원회가 2022년 5월에서야 백신과 급성 심낭염 사이에 인과관계가 있다고 인정했다.[50] 백신 접종을 권장해야 하는 정부의 입장에서는 백신의 부작용을 인정하기가 쉽지 않았을 것이다.

팬데믹을 이겨내는 해법은 정확한 통계에서부터 찾아야 한다. 2019년 말부터 벌인 코로나19와의 전쟁에서 성공과 실패의 데이터를 상당히 모았다. 축적한 데이터에서 정확하고 타당한 통계치를 추출해 낸다면 해법을 얻을 수 있다. 물론 완벽한 최종 정답은 아니지만 그때그때 가장 타당하고 합리적인 최선의 대응책을 찾을 수 있다. 확진자 수, 중증환자 수, 사망자 수에 대한 통계도 넘쳐난다. 그리고 사회적 거리두기 등 감염 억제 대책의 효과도 가늠할 수 있다. 2021년 백신을 접종한 뒤부터는 백신 접종의 효과와 부작용도 평가할 수 있다.

과학 방역의 핵심은 통계 방역이다. 획기적인 의학의 성과로 100%에 가까운 예방이 가능한 백신이나 효과가 확실한 치료제를 발명한다면 코로나19 바이러스를 퇴치할 수 있다. 하지만 지금까지의 상황을 보면 코로나19가 완전히 사라지는 '프리 코로나'는 소위 희망 고문이다. 코로나19와 동거하는 '위드 코로나' 정책이 현실성 있는 대안이다. 코로나19와 함께하되 통제 가능하려면 통계에 바탕을 둔 방역이 필수다.

남아프리카공화국의 철학자 알렉스 브로드벤트는 저서 『역학의 철학』에서 '관찰'을 강조한다. 역학이 전염병 같은 문제를 해결하기 위해 가장 강조하는 활동은 관찰이다. '이론'이 아니다. 이론은 오히려 사람의 사고를 통제하고 눈을 멀게 한다. 바이러스 유행의 양상을 편견 없이 관찰하고 대응해야 한다. 그는 전염병 대응에 정해진 정답은 없다고 말한다. 전염병의 변이에 따라서 그리고 유행의 양상에 따라서 대응이 달라져야 한다. 수시로 수집되는 정보를 선입견 없이, 가감 없이 정리하고 분석해서 최적의 대응책을 강구해야 한다.[51]

데이터와 통계로 절충점을 찾다

코로나19에 대한 인식과 대응은 처음부터 양극단으로 나뉘었다. 한쪽에서는 "코로나19는 일종의 감기에 불과하다."라고 했지만 다른 한쪽에서는 "코로나19는 전파력이 높고 치명적이어서 완전 근절해야 한다."고 주장했다. 코로나19를 감기 정도로 보는 사람들은 마스크 착용이나 백신 접종을 개인의 선택으로 보았다. 사회적 거리두기나 봉쇄는 오히려 자연적인 면역 형성을 가로막아서 사태를 더 악화시킬 뿐이라고 주장했다. 미국의 트럼프 대통령이 대표적인 옹호자였다. 반면에 우리나라를 포함한 중국, 호주 등 대다수 국가들은 사회적 거리두기나 이동 제한을 강력하게 시행해서 바이러스의 완전 퇴치를 기대했다.

이러한 양극단의 주장은 시간이 지나고 데이터가 축적되면서 결국 접점을 찾았다. 극단적인 방임은 사망자를 양산하고 의료 체계를 붕괴시켰다. 반대로 극단적인 이동 제한과 봉쇄 역시 바이러스 전파를 단절시키지는 못한다는 걸 알게 되었다. 결국 방역은 의료 체계와 인권, 경제 등을 두루 고려해서 균형을 맞추어야 지속 가능하다는 걸 깨달았다. 대다수 국가들은 자신들의 공중보건과 의료 수준을 고려해서 절충하는 방역 전략을 펴고 있다. 하지만 아직도 축적된 데이터와 통계치가 제시하는 해법을 거부하는 국가도 있다.

중국은 2019년 말 우한에서 코로나19가 발생한 이후 오랫동안 대응책으로 강력한 봉쇄조치를 취했다. 중국의 방역전략은 '사회면제로 코로나'였다. 이는 무증상자를 포함한 신규 감염자가 발생하지만 격리되고 통제된 지역에서만 발생해서, 지역사회의 전파 위험을 효과적으로 차단한 상황을 의미한다. 이러한 정책으로 인해서 중국 제1의 경제 도시 상하이에서도 도시 봉쇄와 외출 금지가 2022년 3월 28일부터 6월 초까지 두 달 동안 이어졌다. 선전과 지린성도 마찬가지였다. 이 영향으로 중국 경제는 생산, 소비, 투자 면에서 코로나19 팬데믹이 우한을 중심으로 창궐하던 2020년 초 상황으로 회귀했다. 중국 정부와 밀월관계를 유지하던 WHO조차 "중국식 접근 방법은 지속 가능하지 않다."고 비판했다. 그럼에도 중국은 시진핑 주석의 치적으로 치켜세웠던 '제로 코로나' 전략을 뒤집을 수 없었다.

북한도 마찬가지다. 2020년 1월부터 국경을 봉쇄하면서 코로나19 '확진 발생 제로'를 자랑해 왔다. 하지만 2022년 4월 말부터 상황은 급변했다. 김정은 국무위원장은 '건국 이래 대동란'으로 인정했다. 2022년 5월 15일에는 하루에만 신규 확진자(북한 당국은 유열자, 다시 말해 발열 환자라는 용어를 쓰는데 정확한 코로나19 진단 장비가 부족하기 때문이다.)가 40만 명, 신규 사망자가 8명이라고 보도했다. 누적 확진자(2022년 5월 16일 기준)는 148만 명이고 누적 사망자는 56명이라고 한다. 이는 치사율이 0.012%로 세계 평균 치사율 1.25%의 1/100에 불과한 수준이다. 전문가들은 북한의 미비한 의료 수준과 백신 미접종을 감안할 때 낮은 사망자 통계를 신뢰하지 않는다. 2022년 5월까지 북한의 코로나19 검사 건수는 6만 건 남짓이라고 한다. 검사조차 하지 못하는 상황에서 확진자, 사망자 등의 통계는 의미가 없다. 북한에서는 '버드나무 잎을 우려먹어라.' 또는 '우황청심환을 더운물에

타서 먹어라.' 하는 민간 처방으로 코로나19를 치료한다. 데이터와 통계를 무시하고 오직 김정은의 지도력으로 코로나19를 극복하려는 북한의 코로나19 대책은 북한 주민의 희생을 강요하고 있다.

O형은 코로나19에 강하다?

2020년 5월 17일, 중국 대학교 합동연구팀은 "코로나19에 O형이 강하고 A형이 약하다."라고 발표했다. 코로나19의 발원지로 알려진 우한시 한 병원의 확진자 1,775명을 조사한 결과 O형의 감염 확률보다 A형의 감염 확률이 통계적으로 높았다. A형은 우한 주민의 32.3%를 차지하지만 확진자 비중은 이보다 높은 37.9%였다. 반면에 O형은 우한 주민의 33.8%를 차지하지만 확진자 비중은 이보다 낮은 25.8%였다. B형과 AB형은 인구 비중과 확진자 비중 사이에 큰 차이가 없었다. 지금도 그렇지만 초기에 사람들은 코로나19와 혈액형 사이의 관련성을 다소 황당한 주장이라고 생각했다. 이 사례를 통해 통계가 어떻게 문제를 제기하고 이론으로 발전될 수 있는지 살펴보자.

처음에는 황당하게만 들렸던 중국 합동연구팀의 주장에 점차 통계 분석이 더해졌다. 미국 유전공학 회사의 조사에서도 O형이 다른 혈액형에 비해서 감염 위험성이 9~18% 낮았다. 한편 감염자가 중증으로 악화되는 과정에 혈액형이 영향을 미친다는 통계 분석이 나왔다. 독일의 키엘대 연구팀은 감염자 4,000명을 조사해서 코로나19에 감염되었을 때 중증으로 이어질 가능성이 A형이 상대적으로 높은 반면에 O형은 상대적으로 낮았다고 밝혔다. 앞서 언급한 중국의 합동연구팀은 우한의 사망자 206명 가운데 A형은 85명이고 O형은 52명이라면서 A형의 사망 위험이 높다고 했다.

혈액형이 코로나19의 감염과 중증 진행에 관련 있다는 사실이 통계를 통해 힘을 얻었다. 이로부터 2년 후인 2022년 3월 7일, 영국의 킹스칼리지 런던과 케임브리지대학의 공동 연구팀은 '혈액형을 결정하는 단백질(ABO 단백질)이 코로나19 중증 진행에 영향을 준다.'는 연구 결과를 발표했다. 연구팀은 코로나19의 발병에 영향을 줄 가능성이 있는 3,000개의 단백질을 분석했다. 그 결과 중증으로 진행시킬 수 있는 단백질 6종과 중증 진행에서 보호해 줄 수 있는 8종의 단백질을 확인했다. 그런데 중증화[52]를 촉진할 수 있는 단백질에 혈액형을 결정하는 단백질이 포함되어 있었다.

O형의 혈액형을 가진 사람은 다른 혈액형을 가진 사람에 비해서 위중증이나 사망 확률이 50% 이상 더 낮은데 그 이유가 O형 혈액형을 결정하는 단백질 때문이라고 한다. 반대로 A형은 사망하거나 위중증으로 진전할 가능성이 높다고 한다. 독일 연구팀이 이탈리아와 스페인의 병원 환자를 대상으로 한 연구에서도 같은 결과가 나왔다. 2021년 미국 하버드대의 연구팀은 코로나19의 수용체 결합 도메인이 A형의 혈액과 더 잘 결합하기 때문이라고 했다.

이처럼 혈액형과 코로나19의 연관성을 확인하는 연구 결과도 있지만 반대로 연관성을 부정하는 연구 결과도 있다. 2021년 7월, 미국에서 10만 명을 대상으로 한 임상 분석에서는 혈액형과 코로나

19 중증도가 연관 있다는 증거를 찾지 못했다. 아직 우리는 혈액형과 코로나19의 관계에 대한 정확한 결론을 알지는 못한다. 그러나 단순한 통계 분석이 과학적 연구의 한 방향을 제시했고, 그 연구 결과가 코로나19 치료를 위한 후속 연구로 이어진다는 건 무척 고무적이다. 이렇게 통계는 전혀 앞이 보지지 않는 상황에서도 해결의 실마리를 제공한다.

집단 면역으로
코로나19를 종식한다?

감염 재생산지수가 마법의 지표인가?

지금은 아무도 기대하지 않지만 코로나19 발생 초기에는 대다수 사람들이 언제 어떻게 코로나19가 종식될 수 있을까, 하는 의문을 가졌었다. 그리고 당시 가장 확실해 보였던 답은 전 국민의 70%가 백신을 맞아서 항체를 갖는 방법이었다. 이러한 생각은 학자들뿐만 아니라 백신 접종률을 높이려는 방역 당국에 의해서 공공연하게 퍼졌다. 그런데 왜 하필 70%였을까?

이를 알아보기 위해서는 '기초 감염 재생산지수'라는 개념을 이해해야 한다. 기초 감염 재생산지수를 역학 분야에 처음으로 도입한 사람은 조지 맥도널드다. 1950년대에 맥도널드는 스리랑카에서 말라리아를 연구했다. 그는 말라리아가 확산될 수 있는 상황을 예측하는 공식을 만들었는데, 그것이 기초 감염 재생산지수Basic Reproduction Number(R_0라고 표시하고 R naught라고 읽는다.)다. 기초 감염 재생산지수란 어떤 집단에서 최초로 감염자가 발생했을 때 이로부터 전염되어 생기는 이차적인 감염자의 수다. 1918년 스페인 독감의 기초 감염 재생산지수는 1.8이었으며, 2003년 사스는 3.0이었다. 초기에는 코로나19의 기초 감염 재생산지수를 2.2~3.3으로 추정했다.

R_0의 크기는 감염병이 최초로 발생했을 때의 감염률, 접촉률 그리고 감염 지속 기간에 따라 결정된다. 이를 공식으로 나타내면 'R_0 = 감염률 × 접촉률 × 감염 지속 기간'이다. '감염률'은 감염자가 비감염자에게 감염병을 전파할 수 있는 확률인데 마스크 사용 등으로 줄일 수 있다. '접촉률'은 감염자가 일정 기간 내에 평균적으로 접촉하는 접촉자 수를 의미하는데 사회적 거리두기, 지역 간 이동 봉쇄 등의 강화로 줄일 수 있다. '감염 지속 기간'은 검사로 조기에 감염자를 찾아내 격리하고 치료해서 줄일 수 있다. 따라서 감염 재생산지수는 전염병이 가진 고유한 수치가 아니고 바이러스의 특징, 집단의 인구밀도, 감염자의 행동에 따라 다르다.

전염병이 집단에서 발생한 이후에 방역, 백신, 치료 등의 대책에 따라서 재감염지수는 변한다. 이를 '실질 감염 재생산지수Effective Reproduction Number, R_e'라고 한다. 감염력의 변화를 추적하거나 단기적인 개입의 효과를 파악하는 데 사용한다. 정부는 매일 '실시간 감염 재생산지수Time-varying Reproduction Number, R_t'를 산출한다. 이는 일종의 실질 감염 재생산지수인데 특정 시점에서 평균 감염력을 나타낸다.

우리나라 질병관리청은 1주일 단위로 발표한다.

실질 감염 재생산지수가 1보다 크면 환자 한 사람이 1명 이상을 추가적으로 감염시키므로 시간이 지날수록 전염병은 더 확산된다. 실질 감염 재생산지수가 1이면 현재 상태가 지속되고, 1보다 작으면 점차 감염자 수가 감소해서 종식된다. 어떻게 실질 감염 재생산지수를 낮추고 궁극적으로는 1보다 낮게 만들 수 있을까? 첫 번째 방법은 감염률 줄이기로, 마스크를 쓰고 손을 씻는 것이 이에 해당한다. 두 번째는 접촉률을 최소화하는 것이다. 빠른 진단으로 감염자를 찾아내 격리하거나 사회적 거리두기를 강화하는 방법이다. 세 번째는 감염시킬 수 있는 기간을 줄이는 것인데, 병원에서 감염자를 효과적이고 신속하게 치료해서 줄일 수 있다.

이러한 재감염지수 감소를 위한 모든 노력을 종합해서 c라는 상수로 나타내면 $Re = R_0(1-c)$로 표시할 수 있다. 방역 당국은 사회적 거리두기 등 방역을 철저히 해서 '$1-c$'를 적정 수준까지 내릴 수 있다고 생각했다. 2020년 4월 중순에 방역 당국은 감염 재생산지수가 1 이하라고 발표했다. 당시 $R_0 = 3$이고 $c = 0.77$로 $Re = R_0(1-c) = 0.69$가 나왔다. 실질 감염 재생산지수가 1 이하라는 건 확진자 수가 줄어서 결국 종식될 것이라는 희망을 주었다. 하지만 이러한 상황은 오래가지는 못했다. 실질 감염 재생산지수는 방역 강도나 사회적 이동량에 따라 수시로 변했다. 그리고 예상하지 못하는 새로운 변이 바이러스의 출현은 코로나19 종식이라는 희망에 찬물을 끼얹었다.

이제 앞에서 품었던 의문에 대한 답을 해 보자. 왜 국민의 70%

왜 국민의 70%가 백신을 접종하면 코로나19를 종식시킬 수 있다고 보았을까?

- R_0: 기초 감염 재생산지수 추정 최대치 3.3
- c: 감염 지수 감소를 위한 노력의 총합 0
- p: 면역력 보유 인구 비율 0.7

$Re = R_0(1-c)(1-p) = 3.3 \times (1-0)(1-0.7) = 0.99$

실질 감염 재생산지수(Re)가 1 이하로 내려가면 감소세로, 면역력 보유 비율이 70%면 언젠가 코로나19가 종식되리라고 예상했다.

가 백신을 접종하면 코로나19를 종식시킬 수 있다고 보았을까? 백신 접종으로 면역력을 보유하게 된 인구 비율을 p라고 가정하자. 그러면 $Re = R_0(1-c)(1-p)$로 표시할 수 있다. 그리고 어떠한 방역도 하지 않는다면 c는 0이 된다. 그렇다면 코로나19의 기초 감염 재생산지수 추정치가 2.2~3.3이니 최대값을 적용해서 $R_0 = 3.3$, p = 0.7이면 $Re = 3.3 \times (1-0.7) = 0.99$가 된다. 실질 재감염지수가 1보다 작으므로 코로나19는 언젠가는 종식된다. 방역 당국이 이런 계산을 한 것은 2021년 초였다. 그러나 2021년 중반 이후에는 이런 계산이 현실과 다르다는 사실을 누구나 알게 되었다. 뭐가 잘못된 것일까?

모든 상황이 예상대로 전개되지 않았다. R_0가 2.2~3.3이라는 추정은 새로운 변이 바이러스가 계속 출현하며 어긋났다. 특히 변이 바이러스인 오미크론의 감염 재생산지수는 10~14로 전파력이 매우 높았다. 뒤이은 스텔스 오미크론(BA.2로 알려져 있다.) 변이의 감염 재생산지수는 오미크론 변이의 1.5배라고 알려져 있다. 변이의 출현은 백신의 면역력 형성에도 부정적이었다. 기존 백신은 새로운 변이에 대해서는 면역력이 현저히 낮았다. 백신 접종자의 돌파 감염은 더 이상 뉴스거리도 되지 않았다. 어느새 공식 통계에도 넣지 않을 정도다. 백신 접종률이 90%에 달했지만 국민의 면역력이 어느 정도인지는 측정조차 할 수 없다.

근본적인 문제는 감염 재생산지수의 중요성을 지나치게 과대 평가한 것이다. 감염 재생산지수는 초기에 코로나19 확산 상황을 파악하고 방역 대책을 세우는 참고 자료로 유용했다. 문제는 코로나 19를 종식시키는 마법의 공식으로 착각했다는 점이다. 이 수학통계학적 지표는 중요한 사실, 수시로 변하는 상황을 잡아내지 못한다. 바이러스는 변이를 거듭하면서 방역과 백신을 무력화했다. 사람들의 바이러스에 대한 경계심과 위생 방역도 고정 변수가 아니다. 과거의 정보와 통계에 기반한 방역으로는 신출귀몰하는 코로나19 바이러스에 절대 이길 수 없다.

감염 재생산지수는 한계를 갖는다. 무엇보다도 현재 추이는 설명하지만 미래를 정확하게 예측하지는 못한다. 확진자 수가 급증하고 급감하는 중요한 시기마다, 그리고 추세가 전환되는 시기에 감염 재생산지수는 아무런 역할도 못했다. 근본적으로 확진자 데이터가 정확하지 않으면 감염 재생산지수는 현실을 반영하지도 못한다. 확진자 데이터의 문제점은 이 장의 후반부에 자세히 다루려 한다.

재생산지수는 높은 수학적 지식이 필요한 수리 모델을 통해 구하는데, 모델에 대한 정보를 공개해야 한다. 모델을 통해 감염 재생산지수를 구하려면 핵심 변수들을 추정하고 대입해야 한다. 이 추정이 얼마나 적절하고 정확한지에 대한 검증은 현재 몇몇 연구자들 사이에서만 진행되고 있다. 투명하지 않고 일반인들이 이해할 수 없는 깜깜이 감염 재생산지수는 아무런 소용없는 블랙박스일 뿐이다.

치명률은 얼마나 믿을 수 있는 정보일까?

2022년 들어서 코로나19 바이러스를 계절 독감 정도로 취급하자는 주장이 힘을 얻었다. 오미크론 변이가 우세종이 되면서 국내 코로나19 누적 확진자 수가 1,000만 명을 넘어서고 사망자가 속출하는 최악의 상황에서 나온 얘기라서 의구심을 불러 일으켰다. 오미크론 변이의 치명률이 0.1% 이하로 0.05~0.1% 수준인 계절 독감의 치명률과 유사하다는 걸 근거로 내민다. 치명률은 확진자 수 대비 사망자 수의 비율이다. 누진 숫자로 계산하기 때문에 '누진 사망자 수/누진 확진자 수'로 계산한다. 치사율도 치명률과 같은 개념이다. 우리나라 치명률은 0.13%로(2022년 3월 24일 기준) OECD 36개 국가 가운데 뉴질랜드에 이어서 두 번째로 낮은 수준이다. 뉴질랜드는 0.03%이고, 일본은 0.44%, 미국은 1.22%이다.

한 국내 전문가는 "국가가 방역을 얼마나 잘 했는지는 결국은 치명률로 나타난다."고 했다. 대한민국의 치명률은 미국과 비교해서 약 1/10에 해당한다는 것이다. 그는 우리 방역 대책이 높게 평가되는 이유에 대해서 네 가지로 분석했다. 첫째, 백신 접종률이 전 세계에서 가장 높은 국가 중의 하나라는 점. 둘째, 대한민국이 선진국이기 때문에 의료체계가 굉장히 잘 준비되어 있다는 점. 셋째, 시민 의식이 높아서 방역 조치 등에 대한 참여가 굉장히 잘 이루어졌다는 점. 넷째, 그 결과 낮은 사망률을 보인다는 점을 강조했다.

사망률이 코로나19의 심각성을 평가하는 정확한 기준일까? 사망률에 대해서는 다른 두 가지 개념이 혼용되고 있다. 하나는 확진자 수에 대비한 사망자 수의 비율이다. 이는 앞에서 언급한 치명률이나 치사율과 동일한 개념이다. 다른 하나는 총 인구 대비 사망자 수다. 이 기준에 따르면 우리나라의 총인구 대비 사망자 수로 계산한 사망률은 0.03%이다. 우리나라보다 낮은 OECD 국가는 0.00%인 뉴질랜드와 0.02%인 일본뿐이다. 독일은 0.15%, 영국은 0.24%, 미국은 0.29%로 우리보다 높다.

하지만 치명률이나 사망률을 방역의 성공 기준으로 삼는 건 두 가지 이유로 위험하다. 통계가 부정확하기 때문이다. 우선 국가마다 확진자의 개념이 다르다. 정부가 나서서 방역을 철저히 하고 검사에 적극적인 국가가 있는 반면에 검사와 치료를 개인이 해결해야 하는 국가도 있다. 이런 차이로 확진자가 통계에 잡히는 정도도 천차만별이다. 매일매일 전 세계 확진자 통계를 제공하는 존스홉킨스대학에서도 항상 다음과 같은 주의사항을 명시한다. "검사의 한계 때문에 확진자 수는 실제 감염자 수보다 낮다."[53] 주말에 확진자가 줄었다가 주초에 증가하는 현상도 주말에 검사를 받는 사람이 줄기 때문이다. 확진자 수가 검사자 수에 따라 좌우되는 문제는 정치적으로도 논란이었다. 정부가 정치적 상황에 따라서 검사를 많이 해서 확진자 수를 늘리고 검사를 줄여 확진자 수를 감소시키는 정치 방역을 한다는 비판이 줄곧 제기되어 왔다.

한때 멕시코는 OECD 국가 가운데 확진율이 가장 낮았다. 멕시코의 확진율은 4.37%로 4.87%인 일본보다 낮다. 과연 멕시코가 방역에 성공해서 확진율이 세계 최저일까? 그렇지 않다. 멕시코는 의료시스템의 미비로 검사, 백신 접종, 치료를 개인이 감당해야 하는 상황이다. 공식 통계에 확진자가 제대로 잡히지 않고, 그 증거로 멕시코의 치사율은 5.72%로 OECD 국가 가운데 가장 높다. 확진율이 가장 낮은 국가의 치사율이 가장 높다는 통계는 어떤 의미일까? 멕시코의 경우에 확진자 통계는 병원에서 치료받는 환자 수로 파악하고 있는 게 아닐까 추정된다.

사망자 통계 역시 그 기준이 명확하지 않다. 존스홉킨스대학은 사망자 통계에는 반드시 다음과 같은 주석을 단다. "사망의 원인을 분류하는 데 어려움이 있고 서로 다른 기준을 적용해서 사망자 통계가 부정확할 수 있음을 유의한다."[54] 코로나19 사망자를 가장 좁은 기준으로 집계하는 국가에서는 코로나19 치료 중에 사망한 사례만을 사망자 통계로 잡는다. 이와 다르게 벨기에는 치료 여부와 관계없이 사망자에게 조금이라도 코로나19의 증상이 있었다면 코로나19 사망자 통계에 포함한다. 우리나라는 코로나19의 증상을 보이지 않았더라도 사망 이후 부검 중 코로나19 바이러스가 검출되면 사망자에 포함한다. 그러나 만일 유가족이 부검을 거부하면 코로나19 사망자로 잡히지 않는다.

국가 사이에도 통계 기준에 차이가 있지만 한 국가 내에서도 시기에 따라 기준이 변한다. 우리는 오랫동안 RT-PCR 검사Reverse transcription Polymerase chain reaction Test(이하 'PCR 검사'로 표시한다.)로만 확진자를 판정했다. 하지만 2022년 3월부터는 전문가용 신속 항원 검사에서 양성이 나오면 바로 확진자로 통계를 잡는다. 사망의 경우에도 2022년 이전에는 조금이라도 코로나19 의심이 있으면 사후에 코로나 검사를 실시했다. 하지만 2022년 들어서는 사후에 코로나 검사를 하는 일은 드물다. 유가족이 부검을 기피하는 경향을 보였기 때문이다.

앞에서 언급한 한계를 인정한다면 확진율과 치명률로 방역의 성공 여부를 평가하고, 나아가 국제적으로 방역의 우열을 평가하는 우를 범해서는 안 된다. 급변하는 확진율과 치명률 통계에 전적으로 의존하는 코로나19 대책은 지도 없이 나침반만 가지고 길을 찾는 거나 마찬가지다. 통계에 종속되는 방역이 아닌, 통계에 기반을 둔 방역을 해야 한다. 통계도 불완전하고 가변적이기 때문이다.

엔데믹, 끝난 게 아니다

코로나19와의 싸움을 어렵게 하는 요인 가운데 하나는 바이러스의 변이다. 변이는 코로나19 바이러스의 특징으로 진화를 거듭하고 있다. 그 가운데 중요한 변이는 델타, 오미크론 그리고 스텔스 오미크론이다. 우리나라에서는 2021년 7월 이후에 델타 변이가 우세종인 시기를 거쳐 2022년 3월 이후로는 오미크론 변이가 우세종이 되었다. 이후 스텔스 오미크론은 미국에서도 우세종이 되었는데 오미크론보다 50% 이상 전파력이 빠르다고 알려졌다.

코로나19의 변이는 백신을 무력화한다. 동시에 통계 방역을 무력화한다. 테워드로스 WHO 사무총장은 코로나19 바이러스가 계속 진화하고 있으며 "모든 곳에서 끝날 때까지 어느 곳에서도 끝난 것이 아니다."라면서 방역을 지속해야 한다고 강조했다. 모든 감염병의 병원체는 면역력을 무력화하면서 계속 진화한다. 역사상 인간이 종식시킨 바이러스는 천연두가 유일하다. 세계보건기구 WHO는 1980년 천연두의 종식을 선언했다. 1796년에 에드워드 제너가 천연두 백신을 발명한 지 184년 만의 일이다. 천연두 같은 성공 스토리는 감염병과 백신의 역사에서 무척 드물다. 지난 수천 년간 인간에게 전염병을 일으킨 박테리아, 바이러스, 기생충 등 병원균 중 많은 수가 사라지지 않고 오늘날에도 우리 주변에 함께한다. 결핵, 나병, 홍역뿐만 아니라 감기, 독감, 에이즈, 콜레라, 말라리아, 에볼라, 사스, 메르츠 등 거의 대부분의 감염병은 여전히 인류와 공존한다. 미국이 퇴치 선언을 했던 홍역이 다시 유행했던 것과 같은 일은 언제 어디서든 일어날 수 있다.

이제 전문가 사이에는 코로나19가 '엔데믹endemic'으로 남을 거라는 전망이 우세하다. 엔데믹은 한정en과 집단demic의 합성어다. 우리말로는 '풍토병화'라고 한다. 종종 사람들은 엔데믹을 끝end과 팬데믹pandemic 의 합성어로 생각해 팬데믹이 종료되고 위험이 없어진 상태로 오해한다. 엔데믹은 감염이 사라지진 않지만 급격히 증가하지도 않는 상황이다. 백신 접종이 적극적으로 이뤄지면 지난해처럼 대규모 감염이 발생하진 않겠지만, 계절 독감처럼 일부 지역에서 감염이 지속해서 일어나리라는 전망이다. 그러나 엔데믹으로 전환된다고 해도 상대적으로 예측 가능한 안정기에 접어드는 것일뿐 코로나19의 위험성이 사라졌다는 의미는 결코 아니다.

「월스트리트저널」은 2022년 3월 30일 기사에서 "한국이 코로나19 엔데믹을 맞는 세계 최초의 국가가 될 수 있다."고 전망했다. 더불어 "한국은 미국이나 영국의 정점기보다 3배나 많은 인구 대비 확진자가 나오는 상황이지만 방역 조치를 해제하고 있는데, 이는 바이러스 확산을 통제하지 못해서 불가피하게 선택한 조치라기보다 기존과 완전히 다른 전략을 채택한 것이다."라고 해석했다. 다음 날, 당시 우리나라의 국무총리도 "우리나라는 엔데믹으로 전환하는 세계 첫 번째 국가가 될 수 있다."고 말했다. 하지만 엔데믹 전환은 우리가 독자적으로 할 수 있는 게 아니고, 또 그렇게 해서도 안 된다. 결국 전 세계가 공조해서 엔데믹으로 전환해야 한다. 우리는 그때 엔데믹 선언에서 소외되지 않도록 준비할 뿐이다.

2022년 4월 우리나라의 세계 최초 엔데믹 전환은 한바탕 소동으로 끝났다. 그로부터 5개월이 지난 2022년 9월에는 WHO 테워드로스 사무총장이 "코로나19 대유행의 끝이 보인다."라고 언급해서 관심을 끌었다. 전 세계 코로나19 사망자 수가 2020년 3월 이후 최소로 떨어지고 확진자 수가 전주에 비해 28% 급감한 점을 근거로 내세웠다. 하지만 우리 방역 당국은 그의 발언이 팬데믹 종결 가능성보다는 현시점에서 세계적인 공조가 필요하다는 걸 강조하기 위해서라며 신중한 입장을 취했다. 우리 전문가들도 엔데믹 전환에 우려 섞인 목소리를 냈다. 엔데믹은 적어도 발생 규모와 유행 양상이 예측 가능해야 한다. 다시 말해서 "이번 가을에는 대략 100만 명 확진자가 나온다."라는 식으로 확신을 가지고 예측할 수 있어야 하는데 코로나19는 아직 그렇지 못하다. 그리고 위중증 환자와 사망자 규모가 의료대응 체계에서 감당 가능한 수준이어야 한다. 이를 위해서는 의료진, 병상, 진료시스템이 제대로 갖추어져야 하는데 아직 여기에 이르지 못하고 있다. 준비되지 않은 섣부른 엔데믹 선언은 큰 대가를 불러올 수 있다.

백신 접종, 확신과 거부
그리고 망설임

백신 개발과 승인 경쟁 속 정치 논리

새로운 코로나 바이러스인 코로나19가 세계적으로 유행하자 백신과 치료제 개발에 많은 사람들이 관심을 기울였다. 코로나19 팬데믹이 막 시작된 2020년 초에는 신속한 백신 개발에 대해서 회의적이었다. 과거에는 백신을 개발하려면 10~15년이 걸렸으니 코로나19 백신 개발과 승인에 아무리 힘을 쏟아도 최소 5년은 걸릴 것이라고 예상했다. 하지만 코로나19 백신은 거의 1년 만에 인류의 기대와 희망을 한껏 받으며 세상에 나왔다. 그렇지만 백신 개발이 팬데믹 종식으로 이어질 것이라는 사람들의 기대를 충족시키지는 못했다. 백신의 효과에 의문을 품거나 접종을 거부하는(특히 어린아이들의 백신 접종에 대한 반대가 높다.) 사람도 많다. 백신에 대한 기대와 희망

세상을 바로 보는 힘
통계 안목

은 사라지고 그 자리를 두려움과 망설임이 메우고 있다.

백신을 비롯한 새로운 의약품의 개발은 반드시 임상 시험을 거쳐야 한다. 임상 시험은 과학적이고 객관적이어야 하므로 아주 까다로운 기준과 절차가 있다. 임상 시험은 시험군과 대조군을 무작위로 나누어서 위약효과를 배제하기 위한 눈가림이 필요하다. 그리고 사람을 상대로 하는 만큼 윤리적인 측면을 최우선으로 고려해야 한다. 어린이, 임산부, 수감자, 정신이상자 등 취약한 계층에 대한 보호 장치도 강구해야 한다.

임상 시험은 일반적으로 전 임상 시험, 1상 시험, 2상 시험, 3상 시험 그리고 4상 시험을 거친다. 전 임상 시험은 동물 시험, 시험관 시험 또는 독성 시험이라고도 한다. 환자에게서 분리한 세포 또는 동물을 대상으로 실험실에서 시험약의 유효성과 안전성을 테스트한다. 1상 시험은 약물의 체내 반응과 적정 용량을 찾는 시험이다. 약물을 늘리면서 독성 반응 여부를 관찰하고 적정 용량을 찾아간다. 소수의 환자를 대상으로 하며 약효 검증 단계는 아니다. 2상 시험은 100명 이상의 다수를 대상으로 약효를 검증하는 시험이다. 상대적으로 단기간 내에 부작용, 약효, 최적 용법과 용량 등을 결정한다. 3상 시험은 다수의 다양한 환자를 대상으로 장기간에 걸쳐서 부작용을 검증한다. 4상 시험은 시판 후에 안전성과 유효성을 검사하는 단계다. 유통과 치료 중에 나타나는 문제를 개선하기 위한 시험이다.

2상 시험을 통과하면 기존의 치료법이 듣지 않는 희귀병이나 말기 암환자가 바로 약품을 사용할 수 있도록 시판 허가를 내 주고 원하는 경우 무상으로 공급한다. 치료가 시급한 환자들은 시간이 많이 걸리는 3상 시험 결과를 기다릴 수 없는 현실 때문이다. 이를 동정적 사용이라고 한다. 부작용을 걱정하기보다 생명을 지키는 게 당장 급한, 예외적인 경우를 제외하면 3상 시험이 끝나고 시판을 허용한다. 화이자, 모더나, 얀센 등 코로나19 백신의 경우에도 정식 승인 전에 긴급 사용을 승인받아서 접종이 이루어졌다.

앞에서 언급한 임상 시험의 엄격한 절차는 백신 개발에도 그대로 적용된다. 다만 코로나19처럼 공중보건 비상사태에서는 방역 당국이 더 낮은 기준을 적용해서 긴급 사용을 승인한다.

팬데믹에 맞서 모든 국가가 선의로 힘을 합쳐 백신 개발에 박차를 가하면 좋겠지만 여기에도 정치 논리가 끼어들었다. 세계 최초로 승인이 난 코로나19 백신은 러시아의 '스푸트니크V'다. 옛 소련 시절 세계 최초로 발사한 인공위성에서 따온 이름이다. 1차 임상 한 달여 만에 최종 승인을 해서 제대로 임상 시험을 거치지 않았다. 서방과의 경쟁에서 이기겠다는 푸틴 대통령의 자존심이 백신 개발과 승인에 개입했다. 중국도 백신 시노백을 자체 개발하고 자급자족했다. 그리고 당시 재선을 노리던 트럼프 미국 대통령은 본인의 임기 중에 백신 승인이 나도록 FDA를 재촉했다.

정치 논리가 백신 개발과 승인 그리고 백신 접종 정책에 끼어들 때 백신에 대한 믿음은 흔들린다. 사람들의 백신에 대한 기대와 희망은 우려와 의심으로 변한다. 그리고 접종을 망설이는 사람들이 늘어남에 따라서 백신 접종으로 인류의 생명과 안전을 지키려는 전 세계적 보건의료 전략은 방향을 잃고 표류하게 된다. 백신은 전 세계의 글로벌 공공재다. 투명하고 객관적인 원칙과 기준에 따라 백신 개발과 승인이 이루어지고 백신 효과와 부작용에 대한 정보가 왜곡 없이 제공되길 기대한다.

백신의 예방 효과율을 과장하지 말아야

코로나19 백신을 개발한 제약사들이 자체 발표한 자료에 따르면 예방 효과율이 얀센은 66%, 아스트라제네카는 70%, 모더나는 94% 그리고 화이자는 96%다(이 수치는 이후 수시로 변했다.). 지금은 그렇지 않지만 백신 접종을 시작하고 한동안은 예방 효과가 가장 높은 백신을 맞으려는 열망이 높았다. 그 당시 우리나라에서는 본인이 맞을 백신을 선택할 수 없었다. 방역 당국이 정한 기준과 일정에 따라서 정해진 백신을 맞아야 했다.[55] 선택의 여지가 없다는 사실에 많은 국민들이 불만을 나타냈다. 백신마다 예방 효과율이 다른데 나는 왜 예방 효과율이 낮은 백신을 맞아야 하냐는 볼멘소리도 나왔다. 과연 화이자가 가장 우월한 백신이고 얀센이 가장 열등한 백신이라고 할 수 있을까?[56] 백신의 예방 효과율은 과연 어떤 의미일까?

백신 예방 효과율 95%라는 게 무얼 의미하는지 알아보자. 예방 효과율이라는 용어를 그대로 해석해 '백신 접종자 95%는 코로나19 바이러스에 안 걸리고, 단지 5%만 코로나19 바이러스에 걸린다.'라고 짐작한다. 하지만 백신의 예방 효과율은 전혀 이런 의미가 아니다. 실제로 백신의 예방 효과율을 어떻게 계산하는지 알아보자. 백신을 개발하는 제약회사가 접종이 가능한 사람 10만 명을 모집한다고 하자. 그리고 이들을 무작위로 각각 5만 명씩 두 개 그룹으로 나눠서 첫 번째 그룹 백신 투여군 5만 명에게는 백신을 투여하고, 두 번째 그룹 대조군 5만 명에게는 백신 대신에 위약(주로 몸에 해롭지 않은 식염수)을 투여한다. 그리고 일정 기간이 지난 뒤 두 그룹에서 각각 코로나19 바이러스 감염자가 몇 명 발생했는지 조사한다.

만일 백신 투여군에서 10명의 코로나19 환자가 나왔고, 대조군에서는 50명 나왔다고 해 보자. 그렇다면 50명이 감염될 것이 백신 접종으로 인해서 10명으로 줄었다고 추정할 수 있다. 따라서 백신은 40명(50명-10명)의 환자 발생을 줄였으니 80%(40/50명) 효과가 있다고 한다. 80% 예방 효과율을 풀어서 말하면 "코로나19 바이러스에 걸릴 위험성이 백신을 맞으면 안 맞았을 때와 비교해서 80% 감소한다."라는 의미다.

백신 예방 효과율이란 다름 아닌 감염 위험의 감소율, 특히 '상대적 위험 감소'로 표시한 백신의 효과다. 반대로 얘기하면 "백신을 접종하지 않으면 감염률이 5배 높다."라고 얘기할 수 있다. 왜냐하면 백신을 접종할 때 감염률은 0.02%(10/50,000)인 반면에 접종하지 않을 때의 감염률은 0.1%(50/50,000)이기 때문이다. 백신을 맞을까 말까 고민하는 사람에게는 접종의 효과가 상당히 설득력 있게 들린다. 하지만 이 수치는 통계적 착시를 일으킨다. 1장에서 지적한 것처럼 상대적 위험도는 어떤 대책의 효과를 과대 포장할 수 있다. 백신 예방 효과율이 80%라는 통계적 분석을 들이대면서 "당신이 백신

백신 예방 효과율과 착시 효과

- 총 실험 대상: 10만 명
- 백신 투여: 5만 명, 코로나19 확진 10명
- 위약 투여: 5만 명, 코로나19 확진 50명
- 줄어든 환자 수: 50−10＝40명
- 백신 접종 시 감염률: 10/50,000＝0.02%
- 백신 미접종 시 감염률: 50/50,000＝0.1%

- 백신 예방 효과율: 40/50＝80%
- 상대적 위험 감소: 0.1/0.02＝5배
- 절대적 위험 감소: 40/50,000＝0.08% 포인트

을 맞지 않으면 감염 위험이 5배 증가합니다."라고 설득하면 백신을 거부할 사람은 그리 많지 않을 것이다.

그렇다면 이를 '절대 위험 감소'로 분석해 보자. 앞의 사례에서 백신을 접종하지 않을 때 감염자 수가 50명이었는데 백신을 접종하면 감염자 수는 10명으로 줄어든다. 이 경우에 백신 접종으로 줄어든 40명이 절대적 위험 감소다. 따라서 절대 위험 감소율은 0.08% 포인트(40/50,000)다. 이는 미접종일 때의 감염률 0.1%에서 백신 접종 시 감염률 0.02%를 뺀 0.08% 포인트(0.1-0.02%)와 같다. 만약 누군가 당신에게 "당신이 백신을 접종하지 않으면 감염될 위험이 0.08% 포인트 증가한다."라고 설명하면서 백신 접종을 설득한다면 당신은 고개를 갸우뚱할 것이다. "백신 접종 시 이상반응 신고율이

0.45%인데." 하면서 말이다.[57]

　　상대적 위험도나 절대적 위험도보다 더 현실적인 통계는 '치료 필요수'다. 예로 든 10만 명 대상의 백신 접종 실험이라면 감염자 1명을 줄이기 위해서 백신을 접종해야 하는 사람의 수를 말한다. 이때는 1,250명(1/0.0008)에게 백신을 접종해야 확진자 1명을 줄일 수 있다. 사망자가 아니고 감염자라는 사실을 헷갈리지 말자. 과연 감염자 1명을 줄이는 사회적 편익은 무엇이고 이를 위해 1,250명에게 백신을 접종하는 데 지불해야 할 비용은 얼마일까. 백신 접종의 비용은 백신 구매에 드는 비용뿐만 아니라 백신 접종을 위한 시간과 행정 등 모든 비용을 합해야 한다. 또한 백신 부작용을 겪는 접종자들이 받는 피해도 중요한 비용이다. 통계치가 중요한 건 우리가 합리적인 판단을 하도록 근거를 제공하기 때문이다. 좋은 통계는 착시 현상을 일으키지 않고 정확한 판단을 돕는 현실적인 통계다.

돌파 감염보다 면역력 감소가 진짜 문제

　　현실에서는 통계보다 특정한 사례가 사람들에게 깊은 인상을 주곤 한다. 백신에 대한 부정적인 생각을 한층 키워 준 일화가 있다. 인기 TV 예능 프로그램인 '런닝맨'의 출연자들이 2021년 12월부터 줄줄이 코로나19 확진 판정을 받았다. 그런데 아이러니하게도 2차 백신 접종까지 마친 유재석, 김종국, 양세찬, 지석진, 하하는 코로나19에 걸린 반면에 미접종자인 송지효는 감염되지 않았다. 이 일화로 '백신 무용론'이 불거지자 방역 당국은 진화에 나섰다. 당국은 백신 접종으로 감염 예방뿐만 아니라 사망과 중증 예방 효과가 90% 이상 있다는 설명으로 백신 회의론을 차단했다. 딱딱한 통계보다는 연예인이나 주변 사람의 사례가 우리의 사고와 판단을 좌지우지하는 게 인지상정인가 보다.

백신은 유일하지는 않지만 코로나19 바이러스와 맞서 싸우기 위한 매우 중요한 수단이다. 백신 접종을 통해서 감염 확산과 위중증 악화를 막으려면 사람들의 자발적 참여가 필요하다. 자발적 참여는 믿음이 바탕에 깔려야 한다. 백신에 신뢰를 더해 주는 통계가 백신의 '예방 효과율'이다. 반면 백신에 대한 신뢰를 무너뜨리는 것이 '돌파 감염'이다. 돌파 감염이란 백신을 접종한 사람이 코로나19 바이러스에 걸리는 사례를 말한다. 백신의 효과가 100%가 아니기 때문에 발생한다.

백신 개발로 코로나19 바이러스를 완전히 종식시킬 수 있다는 잘못된 정보를 준 게 문제였다. 초기에 사람들은 백신을 맞으면 코로나19 바이러스에 감염되지 않는다고 생각했다. 그래서 돌파 감염 소식에 크게 실망했고, 절망했다. 1년간 기다리던 백신이 개발되어서 이제 코로나19 팬데믹이 끝나나 기대했던 사람들에게 돌파 감염은 청천벽력이나 다름없었다. 어느덧 또 시간이 흘러 이제는 더 이상 백신으로 완벽한 감염 예방이나 전파 차단을 기대하지 않는다. 다만 감염 시 중증으로 악화되는 걸 줄여 주고 치명률을 낮춘다는 사실에 위안을 삼는다.

2022년 2월 7일, 독일 보건부 칼 라우터바흐 장관이 그동안 잘못된 데이터를 가지고 방역 정책을 펼친 것을 인정하고 해명했다. 한 때 그는 독일의 강압적인 방역 정책을 주도했었다. 특히 '백신 미접종자들의 팬데믹'이라며 코로나19의 폭증 원인으로 백신 미접종자들을 꼽으며 비난했었다. 이러한 비난은 확진자가 백신 미접종자 중에서 집중적(대략 90%)으로 발생했다는 통계에 근거했다. 하지만 잘못된 통계였다. 접종 여부가 파악되지 않은 확진자를 미접종자로 분류한 결과였다. 백신 접종을 촉진시키려는 조급함이 초래한 실수였다.

엉터리 통계를 근거로 하거나 통계가 전혀 없는데도 방역과 백신 접종 정책을 밀어붙인 나라는 독일만이 아니었다. 비슷한 실수가 우리나라에서도 벌어졌다. 우리나라 방역 당국은 백신 미접종자가 코로나19 확진의 주원인이라면서 확진의 대부분이 미접종자에게서 발생한다고 주장했다. 그러나 질병청은 백신 접종자와 미접종자 사이에 감염 재생산지수가 얼마나 차이가 나는지 통계 자료를 수집하지 않았다. 정보가 부족한 상황에서 무턱대고 백신 접종을 강제하고 백신 패스를 강요했다.[58]

돌파 감염이 예외 현상이라면 시간이 지날수록 면역력이 감소하는 현상은 보편적이라서 문제가 더 심각하다. 모든 사람들이 면역력 감소 주기에 따라서 6개월이나 1년 단위로 주기적으로 백신을 계속 접종해야 하기 때문이다. 우리가 흔하게 맞던 독감 백신의 면역력은 최대 6개월이다. 그래서 매년 독감 백신을 맞는다. 접종 시기도 기온이 내려가서 독감 인플루엔자 바이러스가 기승하는 겨울철을 대비해서 10월쯤이 적절하다. 코로나19 백신의 유효기간에 대해서는 아직 단정할 수 있는 결론은 나지 않았다. 다만 백신 제조사들은 공통적으로 6개월 이상 예방 효과가 지속된다고 주장한다. 백신 접종자의 재감염 사례를 추적 관찰해 얻은 잠정적인 결론은 최소 6개월 동안은 감염 회피나 중증 회피의 효과가 지속된다는 것이다. 미국 질병통제예방센터CDC는 모더나와 화이자 백신의 효과가 4개월 이후부터 감소한다고 했다. 하지만 현재까지 항체 지속 기간에 대한 공식 입장은 "알 수 없다."이다.

그보다 백신 효과 지속 기간이 짧다고 보는 연구도 있다. 이스라엘 보건부 자료를 바탕으로 한 이스라엘 연구팀의 연구 결과다. 60세 이상 120만 명을 대상으로 한 이 연구는 "4차 부스터샷은 접종 후 4주차까지는 감염 예방 효과가 나타났지만 8주차부터는 감염 예방 효과가 사라졌다."고 한다. 이처럼 추가 접종의 효과 지속 기간이 짧을 경우에 백신 부스터샷을 계속 맞아야 하는지 국민은 물론 정부 역시 고심이 깊어질 것으로 예상된다.

백신 접종에 반대하는 사람들이 인용하는 통계는 국가별 백신 접종률과 사망자에 대한 통계다. 영국은 백신 접종률이 90%인데 인구 100만 명당 사망자는 2,248명이다. 반면에 나이지리아는 백신 접종률이 2%에 불과하지만 인구 100만 명당 사망자는 15명이다. 우리나라도 백신 접종률이 86%이지만 인구 100만 명당 사망자는 126명이다. 그러나 앞에서도 살펴봤듯이 코로나19로 인한 사망자 집계 기준이 국가마다 차이가 크기에 이를 바탕으로 백신의 무용론을 주장하기에는 무리가 있다.

K방역은
성공했는가?

확진자와 사망자만으로는 알 수 없는 사실

2022년 3월 17일부터 23일까지 일주일 동안 코로나19 관련 수치를 보면 우리나라의 상황은 세계 최악이었다. 국제 통계 사이트 '아워월드인데이터ourworldindata.org'에서 집계한 데이터로는 이 기간 동안 우리나라의 100만 명당 하루 평균 사망자 수는 6.74명이었다. 사망률이 이보다 더 높은 나라는 그 사이트에서 통계를 집계하는 세계 230개국 가운데 홍콩, 몬세라트, 리히텐슈타인, 브루나이 4개 국뿐이었다. 미국 2.79명, 영국 1.84명, 독일 1.53명임을 감안하면 심각한 수준이었다.[59]

그리고 같은 기간 중에 한국의 하루 평균 확진자 수는 100만 명당 7,162명으로 230개국 중 최고였다. 특히 2022년 3월 17일은

세상을 바로 보는 힘
통계 안목

하루 확진자 수가 62만 명을 기록했다. 그날 전 세계 확진자 224만 명 중 28%가 한국에서 발생했다. K방역의 자부심에 금이 가고 신뢰가 무너지는 숫자였다. 2021년 12월까지 K방역은 성공적이었다. 네 차례의 대유행[60]을 겪었지만 확진율, 치사율, 사망률 등 어느 지표를 봐도 세계에서 손꼽는 모범국이었다. 그렇게 세계 최고라고 자랑했던 K방역 시스템에 무슨 문제가 있었던 것일까?

2022년 3월 29일, K방역이 실패했다는 비판이 빗발치자 당시 국무총리는 "당장의 확진자 숫자만 놓고 방역의 실패니 하는 것은 우리 국민을 모욕하는 말이다."라며 반박했다. 더불어 "실체를 잘 모르는 코로나19라는 전염병이 전 세계를 돌 때 가장 중요한 건 확산의 속도를 늦추는 것이다. 우리는 그 속도를 전 세계에서 가장 늦췄고, 확산이 가장 늦게 왔다. 그래서 지금 사망률이 다른 나라의 10분 1이 아닌가?"라고 반문했다.[61] 다시 한 번 상황을 되짚어 보자.

사실 코로나19 발발 초기부터 확진자 수는 우리 방역 당국이 대책을 기획하고 평가하는 가늠자였다. 하루 확진자 수가 한 자리로 나오면 모두가 안심했고 두 자리 수가 되면 난리가 났다. 확진자가 생기면 그의 동선을 따라가서 직접 접촉자뿐만 아니라 2차, 3차 접촉자까지 샅샅이 추적 조사해서 감염 여부를 검사했다. 하지만 팬데믹 기간이 길어지고 확진자 수가 통제 범위를 넘어서면서 추적 조사를 중단했다. 그리고 마침내 확진자 수는 사망자 수에 방역의 평가 기준 자리를 내주었다. 백신 접종을 확대하고 의료 대응 체계를 정비해서 중증환자 발생과 사망자 수를 줄이는 데 목표를 두었다. 코로나19를 종식시키자는 프리 코로나 방침이 코로나19와 공생하는 위드 코로나로 전환되었다. 과연 코로나19 대응의 성공 여부를 평가하는 기준은 무엇일까?

2022년 3월 당시, K방역 실패론에 대한 정부의 반박 근거는 누적 통계였다. 코로나19 유행 시작부터 전 기간에 대한 누적 확진율, 누적 사망률, 누적 치명률을 비교하면 아직도 우리 K방역이 성공적이라는 설명이었다. 세계보건기구가 발표하는 국가별 누적 통계를 보면 우리나라 누적 치명률은 0.13%다. 이는 미국의 1.22%에 비하면 1/10 수준이다. 영국 0.8%, 독일 0.65%에 비해서도 크게 낮았고, 다른 유럽 선진국들에 비해서도 양호했다. 과연 그럴까?

방역 당국은 3월 21일 기준으로 인구 10만 명당 누적 사망자가 미국은 290명, 이탈리아 261명, 영국 240명. 프랑스 210명 독일 151명인데, 우리나라는 이와 비교하면 1/10 수준인 25명이라고 설명했다. 하지만 비교 시점과 비교 대상이 문제다. 이로부터 불과 10일 뒤인 3월 31일 기준으로 우리나라의 인구 10만 명당 누적 사망자 수는 25명에서 32명으로 증가했다. 이 속도라면 앞에 언급한 나라들의 수치에 언제 접근할지 모르는 상황이었다. 그리고 비교의 대상을 아시아 국가로 바꿔 보면 아시아 평균인 30명보다 높았다. 게다가 중국은 3명, 부탄 12명, 대만 35명, 일본 22명으로 대만을 제외하고는 우리보다 훨씬 낮았다.

그로부터 약 6개월이 지난 2022년 10월 5일 상황을 보자. 과연 정부의 말대로 우리의 누적 확진률, 누적 사망률, 누적 치명률은

세상을 바로 보는 힘
통계 안목

전 세계에 K방역을 내세울 정도로 우수한가? 우리의 누적 확진자는 24,882,894명이다. 전 국민 51,269,185명의 49%가 코로나19에 감염되었다. 두 사람 가운데 한 사람은 감염 경험이 있다는 의미다. 6개월 전에는 다섯 사람 가운데 한 사람이 감염되었는데 그 뒤 빠른 속도로 감염이 일어났다. 이에 비해 일본의 누적 확진율은 20%에 미치지 않는다. 다만 우리나라 누적 사망자 수는 28,544명이고 치명률은 0.11%로 전 세계적으로 낮은 수준이다. 사망률은 0.06%다. 일본은 치명률 0.21%, 사망률 0.04%로 치명률은 우리보다 높지만 사망률은 우리보다 낮다.

100미터 단거리가 아니었다

코로나19 방역의 성공을 감염자가 많은지 그리고 그로 인한 사망자 수가 많은지만 가지고 따질 수는 없다. 가령 대다수 병원이 코로나19 환자들을 전담 치료하느라 응급환자를 소홀히 한 탓에 사망자 수가 늘었을 수도 있기 때문이다. 따라서 코로나19로 사망한 사람뿐만 아니라 간접적인 영향으로 사망한 사람들을 포함한 '초과 사망률'이 적합한 척도가 된다. 2022년 5월 5일, 세계보건기구는 2020~2021년 동안 인구 10만 명당 초과 사망자 수를 조사해서 발표했다. 이에 따르면 우리나라는 6명으로 룩셈부르크와 함께 5, 6위를 차지해서 상대적으로 성공이었다는 평가를 받았다. 우리나라보다 앞선 나라는 호주(-28), 뉴질랜드(-28), 일본(-8), 아이슬란드(-2)였다. 초과 사망자 수가 마이너스라는 의미는 코로나19로 사람들이 집에 머무는 시간이 많아져 교통사고 등 다른 원인으로 인한 사망이 적어졌다는 의미다.

하지만 초과 사망률에 의한 평가도 급변한다. 코로나19 초기에 베트남은 인구 10만 명당 초과 사망자가 0명이었지만 20021년 말에는 150명으로 치솟았다.[62] 초기의 방역 성공이 오히려 백신 도입 필요성을 느끼지 못하게 만들었고, 그 결과 델타 변이가 출현하자 사망자가 급증했다. 우리나라도 2022년 들어서 오미크론 변이가 출현하며 확진자와 사망자가 급증했다. 이러한 결과가 반영된 2022년 초과 사망률은 악화될 수밖에 없었다.

우리의 코로나19 통계를 내밀면서 다른 나라와 비교하며 우리가 방역에 성공했다고 자랑하는 일은 더 이상 하지 말아야 한다. 코로나19 통계는 오롯이 국민의 생명과 건강을 지키는 최선의 방역을 찾는 데 필요한 자료로만 활용해야 한다. 어떻게 하면 더 많은 사람의 생명과 건강을 지키고 정상적인 경제적 활동을 보장할지, 개인의 일상과 자유를 최대한 보장할 수 있을지의 방법을 찾는 데 통계를 활용해야 한다.

코로나19와의 전쟁은 100미터 달리기 경주가 아니다. 초반에는 우리나라가 선두로 달렸지만 그게 끝이 아니었다. 2020년 초에는 누구도 이 경주가 얼마나 오래갈지 몰랐다. 그래서 우리도 힘껏 내달렸다. 심하다 싶을 정도로 엄격하게 사회적 격리를 감행했고 감염자의 사생활 침해를 묵인하며 샅샅이 추적 조사했다. 그렇게 성공한 듯 보였다. 문제는 그것이 100미터 달리기가 아니라는 사실이었다. 2021년 들어서는 이 전쟁이 긴 마라톤인가 싶었다. 하지만 모퉁이를 지나 2022년이 되니 마라톤도 아니고, 결승점이 없는 무한한 달리기 경주라는 사실을 이해하기 시작했다.

결승선이 100미터 앞이라 믿고 턱 밑까지 차오른 숨을 참으며 뛰었던 국민들은 지쳤다. 이대로 지속하기는 불가능하다. 이제 페이스 조절이 필요하다. 달리기에서 페이스는 내 몸의 상태에 맞추어야 한다. 숨이 차거나 다리에 쥐가 날 것 같으면 걸을 수도 있다. 페이스 조절에는 도로 상황도 중요하다. 오르막길에서는 속도를 늦추고 내리막길에서는 속도를 붙여야 한다. 그리고 같이 뛰는 다른 선수의 달리기 기술도 배워야 한다. 같이 뛰는 선수는 내가 이겨내야 할 경쟁 상대가 아니고 힘든 길을 함께 뛰어야 할 동료다. 잘하는 선수에게서 배울 점은 눈여겨보고, 다른 선수의 실수는 살펴서 같은 실수를 하지 않도록 해야 한다. 이 모든 정보가 데이터와 통계에서 얻어진다. 실시간으로 통계를 분석하고 적용하는 힘이 이 무한 경주에서 살아남는 방법이다.

과학 방역의 핵심은 역시 통계 방역

'정치 방역'이다, '과학 방역'이다 하는 논쟁도 떠들썩했다. 20대 대통령 선거를 4개월 앞둔 2021년 11월에 당시 정부가 방역을 완화한 결정을 두고 공방이 뜨거웠다. 방역 완화 뒤 1일 확진자 수 62만 명(2022년 3월 16일 기준), 1일 사망자 470명(2022년 3월 24일 기준), 누적 확진자 수 1,000만 명 돌파(2022년 3월 23일) 등 충격적인 상황이 이어졌다. 불과 44일 만에 누적 확진자 수가 100만 명에서 1,000만 명으로 증가했다. 세계에서 유래를 찾을 수 없는 놀라운 확산 속도였다.

정부는 오미크론 변이가 전파력은 강한데 치명률은 비교적 낮으므로 방역을 완화하는 방향으로 전략을 전환했다고 설명했다. 이를 비난하는 사람들은 대선을 앞두고 표심을 얻기 위해 정부가 방역을 완화해서 사태를 악화시켰다고 주장했다. 대통령 선거에서 승리한 새 정부의 인수위원회는 당시 정부의 방역을 정치 방역이라고 비난하면서 앞으로는 과학 방역을 하겠다고 밝혔다.

과학 방역의 핵심은 통계 방역이다. 통계 방역[63]이란 정확한 통계에 기반을 둔 방역 대책을 의미한다. 문제는 신뢰할 만한 통계가 제대로 생산되느냐 그리고 그 통계들이 제대로 활용되고 있느냐다. 우리는 확진자 수와 사망자 수를 코로나19 통계의 가장 중심에 두어 왔다. 최근에는 의료시스템의 대응력을 강조해서 중증환자 수를 강조한다. 중환자실 병상 가동률, 신규 위중증 환자 수, 60세 이상 확진자 비율이 핵심적인 통계로 집계되었다.

통계에 기반을 둔 방역을 어렵게 하는 요인은 오락가락하는 통계다. 우리나라에서 코로나19의 감염은 롤러코스터를 타는 양상으로 나타났다. 한동안 우리나라의 방역은 여러 가지 면에서 성공적이었다. 2021년 11월 26일까지만 해도 우리나라의 '100만 명당 확진자'는 8,434명으로 세계 224개국 가운데 확진자 수가 많은 순서로 159위였다. OECD 37개국 가운데서는 35위였다. 우리보다 확진자 수가 적은 국가는 호주와 뉴질랜드가 유일했다. '확진자 인구 100만 명당 사망자'는 67명으로 171위였다. OECD 37개국 가운데서는 뉴질랜드에 이어 사망자 수가 가장 적었다.[64] 그러나 오미크론 변이가 우세종이 되며 상황은 한순간에 돌변했다. 2022년 3월 23일로 누적 확진자 수가 1,000만 명을 넘어섰다. 첫 확진자가 나온 2020년 1월 21일 이후 792일 만에 1,000만 명에 이르렀다. 미국, 인도, 브라질 등에 이어 확진자가 1,000만 명을 넘은 11번째 국가가 된 것이다. 가장 주목받는 건 단기간의 폭발적인 확산세다. 아무리 전파 속도가 빠른 오미크론 변이 때문이라지만 이렇게 빠르게 늘어난 나라는 없었다.

통계 방역은 제대로 된 개념 정립에서부터 시작한다. 먼저 확진 개념부터 살펴보자. 확진의 개념과 판정 기준은 명확하고 일관성이 있는가? 우리는 아직도 확진자 숫자를 근거로 코로나19의 심각성과 방역의 필요성을 판단한다. 코로나19 발발 초기부터 PCR 검사에서 양성을 보이면 확진으로 판정하고 있다.

근본적인 확진자 통계의 문제점은 검사자 수에 따라 확진자 수가 달라질 수 있다는 점이다. 팬데믹 초기 우리나라는 간접 접촉자까지 격리하고 검사하는 것을 원칙으로 했다. 당연히 거의 모든 감염자를 확진자 통계로 잡을 수 있었다. 초기부터 2021년 8월까지 방역 당국은 이런 대응을 지속했다.

하지만 상황이 바뀌었다. 1일 신규 확진자 수가 1만 명을 넘어서면서 접촉자 추적 조사는 불가능해졌다. 수많은 확진자의 접촉자를 조사하기는 물리적으로 불가능하다. 그리고 접촉자를 조사하더라도 그들을 격리시키는 게 가능하지 않다. 확진자 한 사람당 30명의 접촉자가 나온다면 우리 국민 중 하루 20만 명을 신규로 격리해야 하니 경제와 산업, 그리고 일상은 멈추게 된다. 법적으로 검사를 강제하는 초기의 정책은 자발적인 검사로 바뀌었다.

더 근본적인 변화는 사람들의 코로나19에 대한 태도다. 초기에는 자발적으로 검사를 받고 격리하는 일이 본인뿐만 아니라 가족과 이웃의 건강과 생명을 지켜주는 책무로 생각했다. 감염된 본인 스스로 책임을 느끼는 이상한 사회적 분위기마저 퍼졌다. 하지만 하루 확진자 수가 통제 범위를 넘어서면서 코로나19에 대한 사람들의 인식도 바뀌었다. 매일 전 국민의 1%가 확진되는 상황에서는 누구나 코로나19에 감염될 수 있다. 감염은 단지 시간의 문제일 뿐이다. 그리고 증세가 없는 경우에는 굳이 검사를 받지 않아도 된다는 생각이 자리 잡았다. 이런 상황에서 감염된 사람들의 코로나19 검사는 감소하고 확진자 통계에도 잡히지 않는다.

물론 통계가 전부는 아니다. 통계보다는 개별적인 사연과 어려움을 헤아려야 한다는 비판도 있다. 수많은 데이터를 압축한 통계는 요양원에서 유리창을 사이에 두고 손 한 번 맞잡지 못한 가족들의 애틋한 마음을 담지 못한다. 마지막 작별 인사조차 제대로 나누지 못한 유족들의 눈물도 살피지 못한다.[65] 개인의 기억은 하나 하나가 소중하므로 더 중요한 것은 앞으로 다시는 아프고 비통한 기억을 만들지 않을 지혜를 갖는 것이다. 그 지혜는 코로나19 팬데믹 와중에 우리 모두가 겪은 희생, 고통 그리고 대가를 고스란히 담은 데이터와 통계에서 찾아야 한다. 아무런 정보 없이 새로운 바이러스와 맞서야 했던 때와는 이제 상황이 달라졌다.

팬데믹 통계의 사각지대

팬데믹 초기인 2020년 4월 1일, 당시 질병관리청장은 "현재까지 신종 코로나로 165명이 사망했는데 그중 164명이 기저질환을 갖고 있었다."라고 브리핑했다. 2021년 12월 23일 기준으로 총 사망자 5,015명 가운데 4,800명이 기저질환자였다. 나머지 169명은 기저질환이 확인되지 않았고 46명은 확인 중이라고 했다. 코로나19 사망자 가운데 기저질환자의 비중은 96%다.[66] 순수한 코로나19로 인한 사망자는 3.4%(169/5,015명)에 불과했다. 이들이 코로나19로 사망했는지 아니면 기저질환으로 사망했는지는 알 수 없다. 따라서 이를 구분하는 데이터도 없다. 이럴 때 보다 상세한 통계가 필요하다. 어떤 기저질환이 코로나19에 취약한지 사람들에게 경고하고 각별히 조심하도록 메시지를 주기 위해서다.

백신의 이상반응도 마찬가지다. 정부의 2021년 12월 27일 자료(청소년 백신 접종 후 이상반응 의심 사례 신고 현황)에 의하면 신고된 이상반응은 총 309건이었다. 여기에는 사망 2건, 아나필락시스 85건, 중환자실 입원·영구 장애·생명 위중 등이 222건 포함되었다. 이는 신고 기준이므로 실제 이상반응을 백신이 초래했는지는 알 수 없다. 아직까지 백신 접종의 부작용에 대한 체계적인 통계가 정기적으로 제공되지 않았다. 백신 접종이 1회에 그치지 않고 지속적으로 부스터샷이 필요한 상황에서 이러한 통계 자료는 반드시 필요하다.

수많은 코로나19 데이터 가운데 어떤 데이터가 필요한지는 방역 목적에 따라서 다르다. 만일 방역 목적이 코로나19의 퇴치라면 확진자 수가 가장 중요한 데이터로 신규 확진자 수, 누적 확진자 수 등이 필수 통계치다. 하지만 완전 퇴치 목적의 방역은 가능하지 않다는 사실은 수년간 경험과 통계로 확인했다.

그렇다면 확진이라는 개념도 바뀌어야 하고 확진자 수를 중심으로 한 통계도 변해야 한다. 사실 통계 숫자를 집계하는 일보다 목적에 맞는 통계의 개념을 세우는 일이 더 시급하다.[67] PCR 검사로 바이러스가 검출되는 경우를 확진자로 삼는 건 감염의 위험성을 제로로 만드는 검역 목적에는 부합하지만 '위드 코로나'에는 방해가된다. 오히려 사람들에게 공포감을 주어서 합리적인 행동을 하지 못하게 한다. PCR 검사는 미량의 바이러스를 증폭시키는 검사 방법이다. 검체의 온도를 높였다 식히는 한 번의 사이클에 바이러스가두 배 증가하는데 코로나19 진단키트는 약 35번의 사이클을 진행한다. 그렇다면 바이러스는 340억 배 증폭된다. 감염의 위험성이 없는경우도 확진으로 판정된다. 확진의 개념을 유증상자 중 병원 치료가필요한 감염자로 보는 것이 감기 등 다른 질환과 비교해서 일관성이 있다. 그래야 목적에 맞는 해답이 나올 수 있다.

방역 목적을 코로나19로 인한 사망자 수의 최소화로 잡을 수도 있다. 이때는 치사율 또는 사망률이 통계의 중심으로 자리 잡는다. 그런데 사망자 통계에 기저질환으로 인한 사망자를 포함할지가 문제다. 코로나19로 인한 사망과 기저질환으로 인한 사망을 명확히 구별하기는 어렵다. 기저질환자가 면역력이 떨어진 상태에서 코로나19에 감염되면 위중증으로 진전되고 사망에 이르기 쉽다.

기저질환 사망자를 구별하지 않은 통계는 코로나19로 인한 사망을 부풀려서 공포와 패닉을 초래할 수 있다. 사망자 가운데 얼마나 많은 사람들이 코로나19가 직접적인 원인이 되어 사망에 이르렀는지에 대한 데이터는 없다. 현장에서는 사망자의 50% 정도가 기저질환을 겪는 상태에서 코로나19의 감염으로 사망한다고 보고 있다.

코로나19가 엔데믹으로 진화하면서 방역의 목적은 의료체계의 유지가 되었다. 이 경우에 필요한 데이터는 위중증 환자 수다. 그리고 이와 관련된 통계가 코로나19 '중증병상 가동률'이다. 가동률은 지역별로 계산해서 일정 수준 이하로 유지하는 게 중요하다. 코로나19가 최고로 심각했던 때에는 병상 대기 중에 확진자가 사망하는 불상사가 일어나기도 했다. 정부는 중환자 병상 가동률 75%를 방역을 강화하는 비상 계획 발동 기준으로 정하고 있다. 그런데 감염병 전담요양병원을 추가 개소하는 경우에 코로나19 중증병상 가동률은 완화되지만 일반 중환자 병상은 감소해서 중환자 병상 가동률은 오히려 증가한다.

따라서 중환자 병상 가동률도 중요한 통계다. 왜냐하면 중환자실 병상의 부족으로 중환자들이 입원하지 못하는 경우가 의료체계의 붕괴이기 때문이다. 방역 당국이 새로운 방역의 기준으로 삼는 위중증 환자 수는 신뢰할 수 있는 통계일까? 방역 당국은 중환자실 병상에 격리된 위중증 환자를 통계로 잡는다. 감염력이 떨어져서 일반 병실로 이동한 환자는 제외한다. 중환자 병상 가동률에서는 위중증 환자가 일반 병상에 입원해 있으면 중환자 병상 가동률 통계에 잡히지 않는다. 의료시스템의 수용력을 판단하는 통계로서 문제가 많다는 지적이다.

진화가 필요한 필수 통계

우리나라 코로나19가 정점에 있던 2022년 3월에 이상한 일이 생겼다. 3월 첫 주에 901명이었던 신규 사망자 수는 둘째 주 1,348명, 셋째 주 1,957명, 넷째 주 2,516명을 보였다. 한 달 사이에 신규 사망자 수가 3배 정도 증가했다. 그런데 신규 위중증 환자 수는 첫째 주 819명, 둘째 주 881명, 셋째 주 975명, 넷째 주 1,093명으로 집계되어 크게 늘지 않았다. 일반적으로 위중증 단계를 거쳐 사망에 이른다는 점에서 위중증 환자 수가 사망자 수보다 더 크게 늘었어야 했다. 그런데 통계는 정반대였다. 사망자 수가 위중증 환자 수보다 더 크게 늘었다. 확진자가 위중증 환자로 분류될 시간도 없이 갑자기 사망하지 않는 한 이런 통계는 생길 수 없다.

항간에서는 "사망자 되긴 쉬워도 위중증 환자 되긴 어렵다."는 자조 섞인 비아냥이 나왔다. 사망자나 위중증 환자 통계의 맹점을 지적한 것이다. 방역 당국은 격리 기간 중에 고유량 산소요법, 인공호흡기, 에크모(체외막 산소 공급), CRRT(지속적 신대체 요법) 등으로 치료 중이어야 위중증 환자로 잡는다. 반면에 사망자는 의료진의 판단만

세상을 바로 보는 힘
통계 안목

으로 확진 판정이 가능했다. 격리 기간이 지나서 증상이 악화되는 경우도 위중증 환자 통계에 포함되지 않는다. 위중증 병상 수를 관리하다 보니 위중증 환자를 일반 중환자실로 배정하는 경우도 많다고 한다. 따라서 의료계에서는 의료시스템에 걸리는 과부하를 제대로 알기 위해서는 중환자 전체 통계를 살펴봐야 한다고 주장했다.

코로나19 장기화로 많은 사람이 코로나19에 걸리면서 한때 재감염[68]에 대한 관심이 높았다. 재감염 가능성은 코로나 백신을 맞은 사람이 코로나19에 걸리는 경우보다 더 큰 공포심을 불러일으켰다. 코로나19 감염으로 항체가 생겼는데 다시 코로나19에 걸린다는 건 코로나19를 종식시킬 수 없다는 증거였다. 매일매일 재감염 통계를 발표하곤 했다. 하지만 지금은 누구도 눈길을 주지 않는 통계다.

재감염과 관련해서 항체 검사에 대한 관심이 높아지고 있다. PCR 검사가 항원(병원체)에 대한 검사인 반면에 항체 검사는 면역력에 대한 검사다. 코로나19에 감염되었다가 회복된 사람은 항체를 보유하게 된다. 항체가 코로나19 감염 여부에 대한 증표가 된다. 자연 감염에서 생기는 항체와 백신 접종에서 생기는 항체는 구별된다. 따라서 항체를 가지고 있는 경우 자연 감염 되었는지 아니면 백신 접종으로 항체가 생겼는지 구분도 가능하다. 2022년 8~9월 최초로 5세 이상 1만 명을 대상으로 한 항체 검사 결과 우리 국민의 97%가 항체를 보유한 것으로 나왔다. 백신 접종률을 감안하면 5명 가운데 1명은 코로나19에 걸리고도 확진자 통계에 잡히지 않은 '숨은 감염자'였음이 통계적으로 드러났다고 한다. 하지만 이 항체 검사 결과도 완벽하지는 않다. 왜냐하면 항체의 농도는 시간이 경과하면 약해지는데 코로나19의 경우에는 아직까지 얼마 동안 항체가 몸속에 남아 있는지 모른다. 따라서 항체가 없다고 해서 코로나19에 감염되지 않았다고 단정 지을 수 없다.

우리가 항체 통계에 관심이 높은 건 항체를 지닌 사람은 면역력이 있어서 코로나19에 걸리지 않는다는 생각 때문이다. 그런데 면역력은 항체의 유무보다 항체의 농도에 따라서 결정된다. 항체가 있더라도 농도가 낮으면 면역력이 충분하지 않다. 문제는 충분한 농도의 기준이 없다는 점이다. 따라서 항체 보유 검사가 국민의 감염 정도나 면역력 보유 정도를 결정적으로 밝혀 주지는 못한다. 하지만 항체 검사를 통해 얻은 데이터와 통계는 향후에 항체의 농도, 존속 기간 등에 대한 유용한 정보를 제공할 수 있다.

코로나19가 변이를 거듭하며 진화하듯이 우리의 방역 대책도 머무르지 않고 진화해야 한다. 그런 의미에서 방역 대책의 수립과 평가에 필요한 데이터와 통계도 시종일관 같을 수 없다. 한 가지 통계에만 눈길을 주는 건 우리의 관심과 사고를 제한한다. 새로운 통계가 우리의 눈을 열고 사고를 발전시킨다. 방역의 목적에 맞는 통계를 개발하고 활용하는 지혜와 용기가 필요하다. 변이하는 코로나19 바이러스를 잡으려면 정확한 통계를 기반으로 우리의 대응 전략도 변이를 이루고 진화해야 한다.

세상을 바로 보는 힘
통계 안목

5장

통계로 나라 경제
바로 알기

대표 경제 온도계,
GDP

국가 경제 상태를 진단하는 통계치

미국이 대공황 상태에 빠진 1930년대에 미국 의회는 경제학자 사이먼 쿠즈네츠에게 국가 경제 상태를 정확하게 진단할 수 있는 새로운 지표를 개발해 달라고 의뢰했다.[69] 쿠즈네츠는 1934년 국내 총생산을 뜻하는 GDPGross Domestic Product의 개념과 계산 방법을 담은 의회 보고서를 제출했고, 미국은 GDP 지표를 활용하면서 대공황을 극복하고 경제 재건에 성공했다. 이러한 공로로 쿠즈네츠는 1971년에 노벨경제학상을 받았다. 그런데 아이러니하게도 쿠즈네츠는 스스로 "GDP는 한 국가의 경제 발전 측정에는 적합하지 않은 도구"라면서 GDP의 남용을 경계했다. 지금도 수많은 경제학자들이 GDP의 문제점을 지적하고 보완하는 노력을 기울이고 있다.

그러나 아직은 여전히 GDP가 경제 통계의 왕좌를 차지한다. 과거에는 국민 경제의 규모를 국민총생산인 GNP Gross National Product 로 측정했다. GNP는 국경 밖에서든 안에서든 한 나라 국민이나 기업의 생산 활동을 집계하는 지표다. 그러나 20여 년 전부터 개인이나 기업의 국적과 관계없이 한 나라 국경 안에서 이루어진 생산 활동을 집계한 GDP가 GNP를 대체하게 되었다. 외국 기업이라도 국내 생산 활동을 벌이면 고용을 창출하고 연관 경제 활동을 촉진하기 때문이다. 국적이 문제가 아니라 국내에 얼마나 투자하고 얼마나 생산하느냐, 일자리를 얼마만큼 창출하는지가 중요하게 되었다. GDP가 국내 경제 현실을 반영하는 데 더 적합했고 GDP가 경제 통계의 중심에 섰다. 2021년 우리나라의 GDP는 2,057조 4,000억 원이다. 이 하나의 숫자가 우리 경제의 크기를 대변한다. 그리고 이 숫자가 지난해에 비해 얼마나 커졌는지를 보면 우리 경제가 순조롭게 성장하는지 아닌지 알 수 있다.

　GDP는 국민이나 정책 담당자가 경제 상황을 판단하는 가장 중요한 통계치다. 물가, 고용, 생산, 소비, 수출입 등의 통계치는 GDP의 보조 지표쯤으로 여겨진다. GDP가 가장 큰 나라가 세계 일등 강대국이고, 1인당 GDP(GDP를 총 인구수로 나눈 값)가 제일 높은 나라가 제일 잘사는 나라다. GDP는 정치적으로도 민감한 통계다. 경제 정책의 성패를 판단하는 통계치이기 때문이다. GDP 증가율(경제성장률)이 높으면 성공한 정부로 평가받지만, GDP 증가율이 마이너스면 실패한 정부로 낙인 찍혀서 정권을 내놓는 경우도 흔하다.

사람들의 관심만큼이나 가장 많은 오용과 남용이 일어나는 경제 통계치가 GDP다. 사례를 살펴보자. 2014년 4월 30일, 국내 신문은 영국 일간지 「파이낸셜타임즈」를 인용해서 이렇게 보도했다. "중국이 올해 미국을 추월해 세계 최대 경제 대국이 될 것이라는 전망이 나왔다." 이 기사가 맞다면 1872년 영국을 제치고 세계 제1의 경제 대국이 된 미국은 142년 만에 중국에게 이 자리를 넘겨 주는 셈이다. 그런데 이 보도가 나오고 7년이 지난 2021년 12월 26일 연합뉴스는 "중국이 2030년에 미국을 제치고 경제 규모에서 세계 1위를 차지할 것이라는 분석이 나왔다."라고 영국 싱크탱크 경제경영연구소CEBR의 전망을 인용해서 보도했다.

어떻게 세계적인 경제 신문과 연구소가 전혀 다른 분석 결과를 내놓았을까? 결론부터 말하면, 「파이낸셜타임즈」의 분석은 '구매력 평가 GDP'로 분석한 결과이고 경제경영연구소의 분석은 '명목 GDP'를 기준으로 전망한 것이다. 조금 더 자세히 살펴보자. 각국의 명목 GDP는 자국 화폐로 계산한다. 따라서 여러 나라의 GDP를 비교하기 위해서는 환율을 적용해서 미국 달러화로 전환하는데 이때 어떤 환율을 적용할지에 따라 차이가 생긴다. 명목 GDP는 시장 환율인 명목 환율을 적용해서 달러화로 전환하고, 구매력 평가 GDP는 구매력 평가PPP 환율을 적용해서 전환한다. 구매력 평가 환율은 OECD, 세계은행, UN 등에서 계산해서 발표하며 각 나라의 물가 수준을 반영한다. 물가 수준과 구매력은 반대이므로 중국과 같이 상대적으로 물가 수준이 낮은 개도국 화폐의 구매력은 명목 환율이 나타내는 수치에 비해서 높게 평가된다. 그 결과 중국 등 개도국의 구매력 평가 GDP는 명목 GDP를 훨씬 웃돈다. 이러한 차이로 구매력 평가 GDP는 중국이 미국을 2014년에 추월했지만, 명목 GDP로는 2030년에야 추월할 거라는 보도였다.

국가 사이의 경제 규모를 따질 때는 달러화 기준 명목 GDP의 비교가 더 적절하다. 앞의 예에서 미국과 중국의 경제 규모를 비교하는 기준으로는 명목 GDP가 더 적합하다. 2021년 우리나라가 세계 10대 경제 강국에 포함되었다는 설명도 명목 GDP를 기준으로 한다.

GDP에는 구매력 평가 GDP와 명목 GDP 외에도 실질 GDP가 있다. 실질 GDP와 명목 GDP를 구별하는 중요한 이유는 경제성장률 계산 때문이다. 한국은행이 2022년 3월 3일 발표한 '2021년도 4/4분기 및 연간 국민소득'이라는 보도자료를 보면 이런 문장이 있다. "2021년 명목 GDP는 6.4% 증가했고, 미국 달러화 기준으로는 9.7% 증가했다. 그리고 실질 GDP는 4.0% 증가했다." 이 경우에 과연 우리 경제의 2021년 경제성장률은 얼마라고 해야 할까? 경제성장률은 국가 경제가 얼마나 빠르게 확장되고 있는지를 보기 위한 통계치다. 따라서 물가 요인을 배제하고 생산량 증가만을 측정하는 실질 GDP 증가로 경제성장률을 계산한다. 명목 GDP는 물가 변동을 제거하지 않은 경상 가격을 사용해서 생산 가치를 계산하는 반면에 실질 GDP는 물가 변동을 제거한 불변 가격을 사용해서 생산 가치를 계산한다. 2021년 실질 GDP는 2015년 가격을 사용해 계산되었다. 모든 나라의 경제성장률은 항상 실질 GDP의 증가율이므로 2021년 우리의 경제성장률은 4.0%다. 앞의 보도자료에서 보이는 명목 GDP와 실질 GDP의 차이인 2.4%포인트는 물가상승률에 기인한다. 그리고 미국 달러화 기준 명목 GDP 증가율과 원화 기준 명목 GDP 증가율 차이 3.3%포인트는 환율 변화(달러화에 대한 원화의 절상률) 때문이다.

국민 개개인이 잘사는 정도를 나타내는 통계

우리의 관심 사항 가운데 하나는 어느 나라 국민이 세계에서 가장 잘사느냐 하는 것이다. GDP는 국가 경제 전체를 보기 때문에 국민 개개인은 가난하더라도 인구수가 많은 국가라면 GDP가 커진다. 이를 조정하는 한 가지 간단한 방법은 GDP를 인구수로 나누면 된다. 1인당 GDP가[70] 국민 개개인이 얼마나 잘사는지를 어느 정도 가늠할 수 있게 한다. 하지만 국민의 생활수준을 비교하는 통계치로는 '1인당 GDP'보다 '1인당 GNI'를 더 흔히 활용한다. 국민총소득인 GNIGross National Income는 한 나라의 국민이 일정 기간 동안 벌어들인 임금, 이자, 배당 등의 소득을 모두 합친 것이다.

2021년 우리나라의 1인당 GNI는 4,025만 원이다. 4인 가구의 가장이 외벌이를 한다면 연봉이 1억 6,100만 원이어야 하는데 말이 되는 걸까? 2020년 연말정산 자료를 보면 연봉이 1억을 넘는 사람은 91만 명으로 전체의 4.7%에 불과하다. 현실에 비해서 왜 일인당 GNI가 지나치게 높을까? GNI에는 자본재 감가상각분, 정부에 대한 생산세와 수입세, 그리고 기업이 갖는 영업잉여가 포함되어 있다. 이들을 제외한 임금 보수만을 측정해야 연봉에 가깝다. 2021년 '가계금융·복지조사'를 보면 실제로 우리나라 평균 가구 수입은 6,125만 원이다. 경제 상황을 알기 위해 개발한 GDP나 GNI를 연봉이나 생활수준을 알아보는 통계치로 사용하다 보니 생기는 오해다.

GDP와 관련된 통계치는 다양하고 복잡하다. 여기에서 살펴본 것은 일부에 불과하다. 복잡다기한 통계치가 목적에 맞게 사용되고 있는지 늘 경계해야 한다. 그렇지 않으면 프로크루스테스가 조작한 통계치에 속아 넘어갈 수 있다. 통계 개념을 공부하고 싶어 하는 사람들에게 늘 추천하는 책이 있다. 한국은행이 발간한 『알기 쉬운 경제지표 해설』인데, '국민소득'에 관련한 통계뿐만 아니라 핵심 경제지표의 개념을 설명하면서 최신 통계치도 함께 제공한다.[71] 그리고 이 책의 공저자 최성호 교수가 쓴 『경제지표와 한국경제』도 경제 지표를 이해하고 활용하는 데 큰 도움이 된다.[72]

GDP는 틀렸다?

우리나라의 1인당 GDP는 세계 20위권이지만 국민행복도[73]는 이에 훨씬 미치지 못하는 50~60위권이다. GDP를 둘러싼 좀 더 근본적인 의문은 '과연 GDP가 잘살고 못살고를 판단할 수 있는 적절한 통계인가?' 하는 부분이다. GDP가 사람들의 행복과 안락함을 대변하지 못한다는 비판은 어제오늘의 일이 아니다.

GDP의 문제점은 한둘이 아니다. 첫째, GDP는 금전적 가치만을 포함하고 비금전적인 가치는 포함하지 못하거나 경시한다는 것이다. 예를 들어서 가정주부가 아이를 돌보는 육아 활동은 GDP에 잡히지 않지만 육아 도우미를 고용해서 비용을 지불하면 GDP는 증가한다. 둘째, 환경 파괴 행위나 자연재해 피해 발생 등은 사람들의 복지에 마이너스지만 GDP를 증가시킨다. 2011년 일본 쓰나미는 2만 명 이상의 목숨과 막대한 재산 피해를 안겼지만 그 피해 복구 활동으로 일본의 GDP는 2% 이상 증가했다. 환경 오염을 유발하는 공장을 짓고 환경 오염 처리 시설을 추가 건설하면 환경을 있는 그대로 보전했을 때보다 GDP가 두 배 이상 증가한다. 셋째, GDP는 분배 측면에서 소득 불균형을 반영하지 못한다. 아프리카의 적도 기니공화국은 1인당 GDP가 약 3만 달러이지만 일부 초고소득층을 제외한 국민 대다수는 빈곤에서 벗어나지 못하고 있다.

　이처럼 문제가 많은 GDP에 의존해서 경제 정책을 펼치는 건 마치 고장난 신호등에 의존해 운전하는 거나 마찬가지다. 그래서 GDP를 대체하는 다른 경제 지표를 개발하려 끊임없이 시도해 왔다. 2008년 2월, 당시 프랑스 대통령이었던 사르코지는 "GDP는 상승하는데 왜 사람들의 살림살이는 더 팍팍해지는가?"라는 문제를 제기하고 이에 대한 해답을 세 명의 경제학자(조지프 스티글리츠, 아마르티아 센, 장 폴 피투시)에게 구했다. 그 연구 결과로 나온 답이 『GDP는 틀렸다』라는 책이다. 책에서 저자들은 GDP가 환경 파괴, 소득 불균형, 복지 저하 등을 반영하지 못한다고 지적했다. 그러면서 GDP를 양적인 개념에서 질적인 개념으로 전환하고 환경의 가치를 충분히 반영할 것 등을 제시했다.

　하지만 아직까지 그 성과는 만족스럽지 못하다. 당분간 GDP만큼 종합적인 통계치를 찾기는 불가능할지도 모른다. 그렇다면 우리가 GDP를 보는 유연한 태도를 가질 필요가 있다. GDP를 절대시하는 자세는 바람직하지 않다. GDP의 규모나 성장률에 집착하기보다는 그 구성과 질적 변화에 더 관심을 가져야 한다.

　GDP에 집착하다 보면 단기 성과에 매몰될 위험성이 크다. 그 결과 장기적으로 바람직한 가치는 경시된다. 예를 들어 자연 환경 보호가 그렇다. 당장의 GDP 증가를 위해서 자연을 훼손한다면 미래의 후손들이 누릴 건강한 삶을 빼앗는 것이다. 생태학자인 폴 호켄은 "우리는 지금 미래를 도둑질해서 그것을 GDP라는 이름으로 팔고 있다."라고 비판했다. 과도한 정부 부채로 자금을 조달해 GDP를 늘리는 일은 미래 후손들의 통장에 부채를 늘려서 결국 그들의 소득을 빼앗는 행위다.

세상을 바로 보는 힘
통계 안목

정치사회적으로 민감한
경제 지표, 실업률

통계상 실업자 되기 어렵다

일자리는 경제 정책과 복지 정책의 핵심이다. 그러다 보니 일자리에 대한 통계는 정치, 사회, 경제 측면에서 큰 관심을 끈다. 실업률이나 고용률 같은 통계는 야당에게 정부의 실정을 지적하는 창이다. 반면 집권당에게는 정책 성과를 홍보하는 강력한 방패다. 이렇다 보니 실업과 고용 통계 하나를 두고도 여당과 야당, 재계와 노동계 등이 각자의 이해관계에 따라 제각각 해석과 각색을 한다.

모두가 인용하는 실업률 통계지만 실제로 이를 정확히 이해하는 사람은 드물다. 실업률을 제대로 이해하려면 실업의 개념을 명확하게 알아야 한다. 실업률이란 한마디로 '일하고자 하는 사람들' 가운데 얼마만큼의 사람들이 '일자리가 없어 일을 하지 못하고 있는지'를 나타내는 비율이다. '일하고자 하는 사람들'을 경제활동 인구라고 한다. 이는 취업자와 실업자의 합이다. 그리고 '일자리가 없어 일을 하지 못하는 사람들'을 실업자라고 한다. 따라서 '실업률 = 실업자/경제활동 인구 = 실업자/(취업자 + 실업자)'다. 공식만 보면 계산이 어려울 것도 다툴 일도 없어 보인다. 하지만 이 간단한 개념을 적용해서 실제로 실업률을 구하는 데 여러 모호한 점이 드러난다.

실업자와 취업자를 조금 더 자세히 알아보자. 실업자는 취업자가 아닌 사람이므로 취업자 개념부터 시작하자. 취업자는 현재 취업해서 일을 하고 있는 사람이다. 간단하지만 실제 조사에서는 여러 가지 논란이 있을 수 있다. '일한다'는 의미는 조사 시점인 주간에 수입을 목적으로 1시간 이상 일을 한다는 뜻이다. 우리나라 통계청은 매월 15일이 속한 주간을 대상으로 조사한다. 수입 목적 없이 일을 돕는다든지, 수입이 목적이지만 1시간 미만으로 일을 한 경우는 취업자가 아니다. 예외가 있다. 가족이 운영하는 농장이나 사업체에서 주당 18시간 이상 일한 가족 노동자는 무급이더라도 취업자로 본다. 하지만 가사 노동하는 전업주부는 수입을 목적으로 하는 사업체에서 일하는 게 아니므로 취업자가 아니다. 그렇다고 실업자도 아니다. 반면 병, 사고, 연가, 교육, 노사분규 등으로 일하지 못하고 있는 일시 휴직자도 취업자에 포함한다.

실업자는 취업자가 아닌 사람이다. 현재 일을 하고 있지 않은 사람인데 한 가지 중요한 요건이 있다. 조사 시점 기준으로 직전 4주 동안 적극적인 구직 활동을 했을 때만 실업자로 분류한다. 주부와 학생은 구직 활동을 하지 않았다면 원칙적으로 실업자가 아니다. 물론 취업자도 아니다. 다만 일을 알아보았던 주부나 아르바이트를 찾았던 학생은 실업자다. 은퇴자나 장노년층은 일자리를 적극적으로 찾지 않았다면 실업자가 아니다. 구직 활동을 하지 않고 일할 기회가 있으면 일하겠다고 생각하는 것만으로는 실업자에 포함되지 않는다. 구직을 하다가 그만둔 '구직 단념자'도 직전 4주 동안 구직 활동을 적극적으로 하지 않았으면 실업자가 아니다.

실업률이 낮아졌다면, 경제 상황도 좋아졌을까?

우리나라는 실업률이 미국보다 낮은데 실제 경제 상황은 좋지 않다고들 한다. 불황에도 우리나라 실업률은 좀처럼 3%대 이상 오르지 않는다. 그래서 경제 지표로서 신뢰도와 적시성이 떨어진다고 말한다.

실업률은 경제 상황을 정확하게 대변하는 통계일까? 경기가 좋으면 일자리가 많아지고 일을 원하는 사람들은 일자리를 찾아 일을 한다. 따라서 일반적으로 말해서 실업률이 낮아진다는 건 경기가 좋다는 거다. 하지만 많은 사람들이 실업률 개념 자체가 갖는 한계를 지적한다. 간단한 예를 들어 알아보자. 15세 이상 인구(전업학생, 전업주부, 수형자, 의무군인 등 비경제활동 인구를 포함한다.) 150명 가운데 일할 의사가 있는 사람이 100명인 도시가 있다고 가정해 보자. 다시 말해서 경제활동 인구는 100명이고 비경제활동 인구는 50명인 경제다. 현재 100명의 경제활동 인구 중 10명이 일자리가 없어 실업 상태에 놓여 있다고 한다면 실업률은 10%(10/100명)이다. 불행하게도 앞날은 어둡고 경제 상황마저 나빠져, 10명의 실업자들은 열심히 일자리를 찾았으나 좀처럼 일자리가 나타나질 않는다. 이런 상황이 지속되자 실업자 10명 중 5명이 구직 활동을 포기하고 육아, 가사, 학업, 취업 준비 등으로 돌아섰다고 하자. 이 5명은 더 이상 경제활동 인구가 아니다. 이제 경제활동 인구는 95명이고 그 가운데 5명만이 실업 상태이므로 실업률은 5.3%(5/95명)로 낮아진다. 과연 이 도시는 실업률이 낮아졌으니 경기가 좋아졌을까? 오히려 그 반대가 아닐까?

보통의 상식으로는 경제 상황이 안 좋아서 사람들이 구직을 포기하면 실업률도 높아진다고 생각한다. 하지만 앞의 사례에서 실업률은 10%에서 5.3%로 오히려 낮아진다. 고용 상황이 더 안 좋아졌는데 실업률은 낮아지는 이상한 통계적 착시가 생긴다. 실업률이 안고 있는 근본적인 한계다. 실업률은 '구직 단념자'를 잡아내지 못한다. 일자리를 찾을 가능성이 없어서 구직을 포기하는 사람이 증가하는데 이로 인해서 실업률이 감소한다면 실업률이라는 통계치는 분명히 문제가 있다. 실업률이 경기 상황을 반영하지 못한다는 비판을 받는 이유다.

우리나라의 공식 실업률 통계에도 숨겨진 실업자가 많다. 대표적인 예가 취업 준비생, 소위 취준생이다. 취준생은 일할 준비를 하는 사람이지 바로 일하려고 시도하는 사람이 아니기 때문에 실업자로 분류하지 않는다. 고시원에서 취업 준비를 한다든지 직업훈련원에서 기술을 배우고 있는 사람은 실업자가 아니다. 이렇게 실업자로 분류되지 않아서 실업률에 잡히지 않는 '사실상 실업자'가 약 400만 명에 이른다. 자영업자가 많은 점도 체감하는 고용 상황과 실업률에 괴리감이 있는 이유 가운데 하나다. 경기에 민감한 치킨집, 편의점, 커피숍 등은 장사가 안 되서 실제로는 문을 닫았어도 공식 폐업신고를 하지 않으면 해당 자영업자는 실업자로 집계되지 않는다.

국가마다 실업률 개념과 조사 방법이 다르다는 것도 문제다. 우리는 실업률 조사를 하는 주에 단 1시간을 일해도 취업자로 보지만 미국은 15시간 이상을 일해야 취업자로 본다. 그러니 우리나라보다 미국의 실업률이 높을 수밖에 없다. 국가 사이에 실업률을 수치만 단순 비교해서 어느 나라가 실업이 더 심각하다 아니면 덜 심각하다 판단하는 건 적절하지 않다. 속사정을 들여다보아야 한다.

때로는 다른 고용지표가 실업률보다 낫다

실업률의 단점을 보완하고 이를 대체하는 통계로 '고용률'이 부각되었다. 고용률은 15세 이상 인구 중에서 취업자의 비율이다. 다시 말해서 '취업자/15세 이상 인구'이다. 이 통계는 취업자 수를 얼마만큼 늘리느냐에 따라서 결과가 달라진다. 일자리를 중요시하는 정부에서 이 고용률 통계를 중간 목표로 활용한다. 앞의 사례에서는 고용률이 60%(90/150명)다. 이는 구직 단념자가 증가했지만 변하지 않는다. 일자리가 더 만들어져서 취업자가 늘지 않는 한 고용률은 높아지지 않는다.

박근혜 정부는 70% 고용률을 목표로 정하고 정책적 노력을 경주했다. 그리고 문재인 정부에서도 매년 고용률 목표(2022년 말, 목표는 68%)를 정하고 이를 달성하기 위한 노력을 기울였다. 이 고용률은 OECD기준(15세 이상 인구)과는 달리 '생산가능인구인 15~64세 기준 고용률'인데, 일자리위원회의 2022년 고용률 목표도 15~64세를 대상으로 한다. 청년 고용률(15~29세) 45.0%, 여성 고용률(15~64세)은 59.5%로 세웠다. 이처럼 때로는 다른 고용지표가 실업률보다 유용할 때가 많다.

사람들은 실업률의 단점을 보완하기 위해서 고용 상황을 알려주는 다른 통계를 함께 본다. 가장 널리 활용하는 통계가 '경제활동 참가율'이다. 경제활동 참가율은 15세 이상 인구 가운데 경제활동 인구의 비율을 말한다. 다시 말해서 경제활동 인구를 15세 이상 인구로 나눈 값이다. 경제가 좋고 고용시장이 호조일 때 경제활동 참가율은 높아진다. 앞에서 든 예로 돌아가 보자. 초기에 150명 가운데 100명이 일하고자 하니 경제활동 참가율은 66.7%(100/150명×100)였다. 경기상황이 나빠져서 5명이 구직 단념자로 바뀐 뒤에는 경제활동 참가율이 63.3%(95/150명×100)로 낮아진다. 이렇게 '경제활동 참가율'은 경기 침체로 구직 가능성이 줄어들고 구직의 희망이 작아지는 상황을 반영해서 낮아진다. 앞의 사례에서 실업률이 낮아졌는데 경제활동 참가율도 동시에 낮아졌다면 '고용시장에 무언가 사정이 있지 않을까?' 하는 의문을 품고 세부 내용을 확인해야 한다.

또 다른 시도는 실업자의 개념 자체를 변경, 실업자에 구직 단념자를 포함시켜서 실업률을 계산하는 방안이다. 이 새로운 실업률

지표는 취업 의사와 능력은 있지만 노동시장 상황에 따라 일자리 구하기를 포기하고 조사 기간 동안 구직 활동을 하지 않은 사람들까지 실업자로 간주하고 계산한 실업률이다. 앞에서 본 사례에서 실업률은 구직 단념자가 증가한 이후에도 10%로 유지된다.

미국 노동통계청은 실업자의 개념 범위에 따라 6개로 세분화한 U1~U6까지의 실업률 통계를 발표한다. 현재 우리나라의 실업률과 같은 개념의 공식 실업률이 U3, 앞에서 언급한 구직 단념자를 포함한 통계는 U4에 해당한다. U1에서 U6으로 갈수록 포함 범위가 넓어진다. U1은 15주 이상의 장기 실업률, U2는 해고·임시계약직 종료자 포함 실업률, U3는 공식 실업률, U4는 구직 단념자(또는 실망 근로자) 포함 실업률, U5는 12개월 구직 활동 포함 실업률, 그리고 마지막으로 U6는 구직 단념자와 비자발적 시간제 취업자 포함 실업률이다.

일자리, 양보다는 질

정부의 일자리 창출에는 한계가 있다. 문재인 정부는 2017년 10월 18일 제3차 '일자리위원회'에서 '일자리 정책 5년 로드맵'을 발표했다. 여기에서 현장 민생 공무원 일자리 17만 4,000개, 사회 서비스 일자리 34만 개, 직접 고용 전환 대상 일자리 30만 개를 만들겠다고 공언했다. 그리고 저소득층 노인의 소득 기반 확충을 위한 노인 일자리 사업도 적극 추진했다. 하지만 문제는 과연 정부가 '꾸준히' 만들어 낼 수 있는 '양질'의 일자리가 얼마나 되느냐 하는 사실이다. 사회 통념상 양질의 일자리를 꾸준히 만드는 건 민간 기업의 역할이기 때문이다. 그렇다면 과연 '일자리가 양질이다 아니다'라는 판단의 기준은 무엇일까?

임시직이나 단기직이 아닌 상용직을 양질의 일자리로 보고 상용직 비율을 양질의 일자리 통계로 잡는다. 그리고 임금 면에서 저임금이 아닌 고임금 일자리를 양질의 일자리로 본다. 또한 정규직을 비정규직에 비해 양질의 일자리로 보고 통계를 관리한다. 2022년 5월 정부는 "4월 취업자 수가 1년 전보다 86만 명 늘어났지만 정부가 직접 만든 일자리와 고령 취업자 비중이 너무 높다."면서 고용의 질을 강조했다. 늘어난 일자리 86만 개 가운데 42만 개가 60세 이상 고령자의 일자리였음을 지적했는데 이전 정부의 실패한 경제 정책을 지적하는 대목이다.[74]

양질의 일자리 수는 정치적으로도 민감해서 2019년 8월에는 고용 통계를 두고 큰 논란이 있었다.[75] 1년 전인 2018년 8월에 비해 정규직은 35만 명이 줄고, 비정규직은 86만 7,000명 늘었다. 정규직이 줄었지만 비정규직이 크게 늘어난 덕분에 일자리가 증가했다. '일자리 정부'를 자처한 문재인 정부에서 고용의 질이 악화되었다는 거센 비판이 일었다. 당시 통계청장은 비정규직의 급증에 대해서 궁색한 해명을 내놓았다. 조사에서 질문 방식을 변경한 탓이라며 그 원인을 둘러댔다. 1년 전인 2018년 8월에는 고용 계약 기간을 정했다고 응답한 비정규직 근로자에게만 "고용 계약 기간은 얼마입니까?"라는 추가 질문을 했는데, 2019년 3월과 6월에는 비정규직과

정규직 근로자 모두에게 "고용 계약 기간 또는 예상 기간은 얼마입니까?"라고 질문했다는 거다. 통계청은 이 질문으로 스스로 비정규직이라는 사실을 자각한 응답자가 많았고, 이전 같았으면 정규직이라고 답을 했을 사람이 비정규직으로 응답한 경우라고 설명했다. 그런 응답자가 증가 인원 약 87만 명 중에서 35만 내지 50만 명에 달한다고 추정했다.

　이러한 국가 통계 당국의 자의적 해석과 변명은 고용 통계의 신뢰를 떨어뜨린다. 더군다나 문제가 된 2019년 8월 조사에서는 1년 전 질문 방식으로 되돌아가 비정규직 근로자에게만 고용 계약 기간을 물었으므로 통계청장의 해명은 도저히 이해할 수 없다. 질문 방식은 1년 전과 같았지만 2개월 전 조사의 잔상이 남아서 8월의 응답에 영향을 미쳤다니, 쉽게 납득하기 어려운 해명이었다. 비정규직 증가를 사실대로 인정하고 고용 정책 기조의 변화를 모색하는 것이 솔직하고도 현명한 대처였다. 실업이나 고용과 같은 정치사회적으로 민감한 통계에는 언제든 프로크루스테스의 침대가 출현할 수 있음을 경계해야 한다.

통계 불신의 표상,
물가상승률

이 많은 것들의 가격을 조사한다고?

물가를 정확하게 구하려면 모든 상품과 서비스의 가격을 조사해서 평균을 구해야 한다. 하지만 현실에서는 불가능하다. 짜장면만 하더라도 호텔에서 파는 가격과 동네 중국집, 쇼핑센터 푸드코트에서 파는 가격이 다 다르다. 모든 상품을 다 조사할 수도 없다. 그래서 일정한 기준으로 대표 상품과 서비스를 선택하고 그 가격으로 물가지수를 계산한다. 물가지수는 한마디로 대표 상품과 서비스의 가격을 '종합하고 가중평균한' 통계치다. 우리나라의 대표 소비자 물가지수는 가계의 소비, 지출에서 비중이 큰 대표 상품 458개[76]의 가격으로 계산한다.

어떤 상품과 서비스를 선택해서 하나의 묶음으로 만드느냐에 따라서 다양한 물가지수가 만들어진다. 대표적인 물가지수는 소비자들이 주로 소비하고 지출하는 비중이 높은 상품과 서비스를 선택해서 집계하는 '소비자 물가지수consumer price index; CPI'다. 국내의 생산자가 생산·출하하는 상품과 서비스의 평균 가격의 변동을 측정하면 '생산자 물가지수producer price index; PPI'가 된다. 그리고 수입품의 가격으로 집계하는 '수입 물가지수'와 수출품의 가격으로 집계하는 '수출 물가지수'도 있다. 이들이 대표적인 물가지수이고 이외에도 다양한 물가지수를 서로 다른 목적으로 집계하고 통계치로 발표한다. 그런데 언론에서 아무런 설명 없이 물가지수나 물가상승률을 언급할 때도 있는데, 그때는 대표적인 물가지수인 소비자 물가지수와 소비자 물가상승률을 의미한다.

물가지수는 월별로 발표하고 그래서 물가상승률도 월별로 발표한다. 물가상승률은 이달 물가지수를 전년 동월 물가지수로 나눈 값이다. 월별 물가상승률은 '(이번 달 물가지수/전년도 동월 물가지수)×100'으로 계산한다. 정확하게 말하면 '전년 동월 대비 물가상승률'이다. 그런데 가끔 물가상승률을 전월과 대비해서 발표하기도 한다. 짧은 기간의 물가동향을 보려는 의도다. 이 경우에는 반드시 '전월 대비 물가상승률'이라고 표기해야 한다. 전월 대비 물가상승률은 (이번 달 물가지수/금년도 전월 물가지수)×100으로 계산한다.

소비자 물가지수는 '지수'라는 개념의 유용성과 한계를 보여 주는 대표 사례다. 지수는 다양한 모든 대상을 다 담아낼 수는 없지만 대표성 있는 것들을 담아서 만든다. 지수가 없다면 사람마다 제각각 다른 기준으로 물가, 주가 등의 경제 상황을 얘기할 것이다. 이렇다면 경제 상황을 판단하고 대책을 만드는 근거가 되는 객관적인 통계를 만들 수가 없다. 이런 상황에서 지수는 비록 문제점을 갖고 있지만 유용한 통계치를 만들어 보여 준다. 물가지수가 그 대표적인 경우다.

물가상승률은 정말 맞아?

공식적으로 발표되는 물가가 실생활에서 우리가 느끼는 물가와 다르다고들 한다. 특히 시장에서는 가격이 급등하는데 공식 물가 상승률이 낮으면 곳곳에서 비난이 쏟아진다. 가격 하락보다는 가격 상승에 민감한 심리적 요인을 차치하고도 공식 물가가 체감 물가와 차이 나는 이유는 크게 네 가지다.

첫째, 물가지수 계산에 적용하는 가중치의 문제다. 물가지수 계산에 적용하는 품목별 가중치는 그 품목의 거래 금액이다 보니 실제 생활에서 구매가 빈번한 품목보다 건별 금액이 큰 품목에 더 큰 가중치가 주어진다. 주택 임차료는 실생활에서 지출의 중요한 부분이고 물가지수에서 약 10%의 비중을 차지하지만, 대체로 2년마다 거래를 경험할 뿐이다.[77] 흡연자는 담배 가격 변동에 예민하고 자녀를 둔 가구는 교육비 증가에 민감하다. 하지만 이들의 가중치는 0.1%와 2%에 불과하다.

둘째, 가격 비교 시점이 다르다. 우리는 전에 샀던 품목의 가격과 비교해서 물가상승을 체감하지만 물가지수는 정확하게 1년 전 가격과 비교한다. 내구재는 교체 주기가 길어 소비자는 수년 전과 비교해서 물가가 많이 올랐다고 느끼게 된다.

셋째, 사람들은 소비 지출액 증가를 물가 상승으로 인식하는 경향이 있다. 가족 수의 증가나 자녀의 성장에 따른 생활비와 교육비 증가, 여가 활동 증가 등으로 인한 소비 지출액 증가를 물가가 오른 것으로 착각한다.

넷째, 품질 향상에 따른 제품 가격 상승을 물가상승으로 느낀다. 휴대폰이나 노트북을 새로 구입할 때는 당연히 이전보다 높은 사양을 사는데 이를 가격이 오른 것으로 생각한다.

물가상승률만큼 불신의 대상이 되는 통계도 없다. 실생활에서 체감하는 물가는 폭등하는데 통계청이 발표하는 물가상승률은 그다지 높지 않다. 왜 그럴까? 이때 기저 효과가 중요하다. 기저 효과가 통계적 착시를 일으키기 때문이다. 특히 물가상승률 통계에서 기저 효과가 문제인 것은 물가를 구하는 묶음에 단기적으로 가격이 급등락하는 상품이 포함될 때다. 석유류와 농산물이 이러한 상품이다. 예를 들어서 작년 동월에 유가가 배럴당 15달러였는데 현재는 60달러라면 유가는 400% 상승한 결과가 되고 물가지수도 크게 상승한다. 하지만 작년 동월에 예외적으로 하락했던 유가가 정상 수준인 60달러로 회복된 것이라면 높은 물가상승률은 기저 효과에 따른 착시라고 할 수 있다. 이러한 이유로 농산물과 석유류를 제외하고 집계한 근원 물가지수를 발표한다.[78] 근원 물가지수(근원 소비자 물가지수를 말하며 core CPI라고 한다.)는 1973년 아랍의 석유 수출 금지 조치와 함께 찾아온 1차 오일쇼크로 인해 개발된 물가지수다.[79] 주로 자연재해나 전쟁과 같은 공급 충격 때문에 가격이 급변하는 농산물과 석유류의 가격은 국가 경제의 소비, 투자 등 수요에 영향을 미치는 통화금융정책으로 어찌할 수 없다는 이유에서도 근원 물가지수의 안정을 통화정책에서 감안한다.

한편 통계청은 소비자 물가와 체감 물가의 차이를 해결하기 위해 생활 물가지수[80]를 보조 지표로 작성한다. 생활 물가지수는 쌀, 달걀, 배추, 두부, 쇠고기, 소주 등처럼 구매가 빈번하거나 납입금, 휴대전화 이용료, 도시가스, 전기료 등 소비 지출 비중이 높은 141개 품목을 대상으로 가중평균해서 집계한다. 여기에는 식료품과 주류가 반 이상을 차지하고 구입 주기가 1년 이상인 내구재는 제외한다. 소비자 물가지수보다 서민 생활에 밀접한 지표다. 그리고 이른바 '장바구니 물가'에 더욱 근접한 신선식품 지수도 조사한다. 신선식품 지수는 신선 어류 및 조개류, 채소, 과일 등 기상 조건이나 계절에 따라 가격 변동이 큰 51개 품목으로 작성된 지수다. 주부들이 매일매일 변화를 바로 느끼는 장바구니 품목 위주여서 소비자 물가에 비해 체감 물가에 한층 가깝다.

코로나19 팬데믹은 물가 통계를 현실과 더 멀어지게 만들었다. 격리와 봉쇄라는 전대미문의 상황에서 소비 품목이 크게 바뀌었기 때문이다. 가령 배달 음식, 라면, 자전거 등의 소비는 폭증했다. 반면에 영화관, 외식, 여행, 호텔 등의 소비 지출은 급감했다. 따라서 기존의 소비 행태를 기반으로 조사한 물가 통계는 소비자가 체감하는 물가 변동을 잡아내지 못한다. 이때 더 심각한 문제는 정부와 중앙은행이 물가 통계에 속아서 상황을 오판하고 정책 전환의 적기를 놓치는 실수를 할 수 있다는 점이다. 팬데믹이 기승을 부리던 2020~2021년 사이의 낮은 물가상승률은 가격이 급등한 품목(배달음식료, 케이블TV, 라면 등)은 과소평가하고 가격이 급락한 품목(항공료, 호텔비, 영화관람비, 공연료 등)은 과대평가한 결과일 수도 있다.

물가지수는 연금조정과 임금협상의 기준

최초의 물가지수는 1675년 영국의 경제학자인 라이스 본이 사용했는데, 곡물, 가축, 생선, 비단 등 몇몇 품목을 골라 1352년과 1650년 물가를 비교했다. 이를 1812년 영국의 아서 영이 복수 상품들의 가중평균 개념으로 발전시켰고, 이후 물가지수는 화폐 가치의 장기적인 변화를 측정하는 용도로 활용되었다. 그리고 금광 발견과 전쟁으로 물가가 폭등했던 19세기 후반부터는 물가에 대한 국민의 관심이 높아지며 국가 통계로 물가지수를 조사하기 시작했다.[81] 초기의 물가지수는 도매 물가지수였다.[82] 애당초 물가지수는 통화 가치 변동을 측정하려는 목적으로 개발했으니 이런 목적에는 생산자 물가지수가 적합했다. 이러한 물가지수의 연원을 보면 체감 물가와의 괴리라는 한계를 이해할 수 있다. 애당초 물가지수는 체감 물가를 측정하기 위해서 만든 것이 아니었다.

한편 소비자 물가지수는 18세기 후반, 영국을 시작으로 각국에서 공업화가 진행되는 가운데 생겨났다. 노동자 계급이 형성되고 노동운동이 활발해지면서 노사 임금 교섭에 생계비 조정을 위한 객관적 자료를 제공할 목적으로 소비자 물가지수가 쓰이기 시작했는데, 이때는 '생계비지수'라고 불렀다. 1947년 국제노동기구International Labour Organization; ILO 국제통계인회의에서 소비자 물가지수로 명칭을 변경했다. 소비자 물가지수는 가계의 소비 지출이 큰 품목 위주로 물가 변동을 측정하므로 포괄하는 범위가 크지 않다. 따라서 통화의 실질 가치를 파악하는 데는 한계가 있다. 그러나 점차 국민의 생활 수준에 대한 정부의 관심이 높아지면서 대표적인 물가지수로 자리 매김했다.

소비자 물가지수는 다양한 이해관계자들이 중요하게 활용한다. 사회보장 지출이나 임금 협상에서 물가상승률은 중요한 변수다. 공적 연금은 매년 물가상승률을 반영해서 인상한다. 단체 임금 협상에서도 물가상승률이 임금상승률을 결정하는 중요한 변수다. 그뿐인가? 최저임금을 결정할 때도 물가상승률을 최우선으로 고려한다. 소비자 물가지수는 정부의 경기 판단 기준이 된다. 한국은행은 물가 안정 목표제를 실시하는데 물가 안정 목표의 기준이 되는 지표도 소비자 물가상승률이다. 또한 소비자 물가지수는 경제학자가 실질 임금 상승률(명목 임금 상승률 - 물가상승률), 실질 이자율(명목 이자율 - 물가상승률)을 구할 때 활용하는 통계치다.

서로 다른 다양한 물가지수 가운데 현명하게 적절한 물가지수를 취사선택해서 활용하는 것은 사용자인 우리의 몫이다.[83] 생산자 물가지수는 계약 가격의 조정, 예산 편성, 상품의 수급 상황 등을 파악하는 지표로 활용한다. 수출입 물가지수는 수출입 계약 시점을 기준으로 집계하므로 국내 물가보다 한 발 앞서 변화가 일어난다. 수출입 물가지수는 수출의 채산성 변동과 수입 원가의 부담 파악 등에 활용한다. 수출 상품과 수입 상품의 교환 비율인 교역 조건을 계산하는 데도 수출입 물가지수를 활용한다. 수출 물가가 수입 물가보다 큰 폭으로 상승하면 교역 조건이 개선되고 무역 이익 규모가 커진다.[84]

공정하고 정의로운 경제,
소득 분배 지표

공평성을 상징하는 분배 지표

국민 경제 측면에서 고도성장보다 공평한 분배를 더 중요하게 생각하는 시대가 되었다. 과거 고도성장 시대에는 성장 과실이 넘치니 국민 모두가 나눌 수 있었는데 저성장 시대로 접어들면서 성장 과실이 부족해져 일부 계층이나 특정 산업이 거의 독식하게 되었기 때문이다. 경제 정책 측면에서도 성장의 효과가 위에서 아래로 흐르는 낙수 효과보다는 아래에서 위로 솟구치는 분수 효과에 주목한다. 그리고 더 나아가 저소득층의 소득을 증가시켜서 소비 주도의 경제 성장을 꾀하는 '소득 주도 성장론'이 나오기까지 했다. 그러다 보니 소득 분배 지표는 복지, 조세, 금융, 주택, 교육, 노동, 보건 등 다양한 분야에서 정책을 만들고 평가하는 잣대가 되었다.

여러 소득 분배 지표 중 가장 많이 사용하는 지표는 지니계수, 소득 5분위 배율, 상대적 빈곤율이다. 지니계수는 소득 불평등이 어느 정도인지 보여 주는 가장 대표적인 소득 분배 지표다. 1912년 이탈리아 인구학자이자 통계학자인 코라도 지니 교수가 개발했다. 지니계수는 0과 1 사이의 값으로 표시하는데 0은 모든 사람이 똑같은 소득을 얻을 때의 값이고 1은 한 사람이 모든 소득을 독차지할 때의 값이다. 따라서 지니계수가 클수록 소득 분배의 불평등도가 높다. 지니계수는 로렌츠 곡선을 이용해서 계산한다. 인구 누적 비율과 해당 소득 누적 비율을 연결한 선이 로렌츠 곡선이다. 대각선은 인구 누적 비율과 소득 누적 비율이 일치하는, 즉 모든 인구가 동일한 소득을 보유해 완전히 평등한 소득 분배를 보여 준다. 대각선에서 멀어질수록 소득 분배의 불평등 정도가 심한 것을 나타낸다. 〈그림 13〉에서는 로렌츠 곡선B가 로렌츠 곡선A보다 불평등 정도가 심

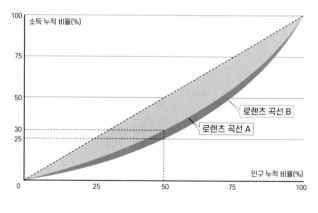

〈그림 13〉 로렌츠 곡선

하다. 지니계수는 대각선과 로렌츠 곡선 사이의 면적을 대각선 아래 삼각형 전체의 면적으로 나누어 얻은 값이다. 소득 분배가 완전히 평등하다면 모든 사람의 소득이 같아서 대각선과 로렌츠 곡선 사이의 면적이 0이고 지니계수 역시 0이 된다. 반대로 소득 분배가 완전히 불평등하다면 로렌츠 곡선은 직각의 형태(원점에서 수평선으로 진행하다 인구 누적 비율 100%에서 수직으로 상승한다.)를 갖게 되어 대각선과 로렌츠 곡선 사이의 면적이 대각선 아래 삼각형 전체의 면적과 일치해서 지니계수는 1이다.

소득의 분위 배율은 소득을 적은 금액에서 많은 금액 순서로 정리해서 이들을 순서에 따라 같은 규모의 집단으로 묶고, 각 집단별 평균 소득을 서로 비교한 값이다. 5분위 배율을 가장 많이 사용한다. 소득이 낮은 순서대로 줄을 세울 때, 가장 낮은 20% 그룹을 1분위, 그 다음 20~40% 그룹을 2분위, 40~60% 그룹을 3분위, 60~80% 그룹을 4분위, 그리고 가장 소득이 높은 80~100% 그룹을 5분위라고 한다. 5분위 배율은 상위 20% 소득의 5분위에 해당하는 개인들의 평균 소득이 하위 20% 소득의 1분위에 해당하는 개인들의 평균 소득의 몇 배인지를 비율로 보여 준다. 예를 들어 5분위 배율이 5.85라면 5분위 소득(고소득층)이 1분위 소득(저소득층)보다 5.85배 많다는 것을 의미한다. 이 값이 클수록 소득 분배가 불평등한 상태다.

마지막으로 알아볼 상대적 빈곤율이란 전체 인구 중에서 빈곤 위험에 처한 인구의 비율을 말한다. 상대적 빈곤선을 설정하고 이를 바탕으로 상대적 빈곤율을 계산한다. 상대적 빈곤선은 중위소득의 50%에 해당하는 소득이다. 만일 중위소득이 2,998만 원이라면 상대적 빈곤선은 중위소득의 50%인 1,499만 원이다. 소득이 1,499만 원 이하인 인구 비율이 15.3%라면 이게 상대적 빈곤율이다. 빈곤율은 노인 빈곤율이나 아동 빈곤율 같은 특정 계층에 대한 빈곤율을 많이 이용한다.

그런데 우리나라는 가계 소득 자료는 가지고 있지만 개인의 소득 자료는 충분하지 않아서 개인을 소득 수준으로 줄을 세우기는 어렵다. 예를 들어 소득이 없는 주부나 학생은 어떻게 줄을 세울까? 가계 소득을 개인 소득으로 전환해야 한다. 가구 단위로 작성한 소득 통계를 개인 단위 소득으로 전환하는 걸 '균등화 처리'라고 한다. 언뜻 가구의 소득을 가구원 수로 나눈다고 생각할 수 있지만 실제로 그렇게 계산하지는 않는다. 왜냐하면 1인 가구는 해당 소득으로 주택, 자동차 등을 모두 구입해야 하지만, 4인 가구는 이를 가구원이 공유할 수 있으므로 4인 가구의 소득 400만 원이 1인 가구의 소득 100만 원보다 가구원 개인에게 더 높은 수준의 경제적 효용을 주기 때문이다.

우리나라는 OECD가 채택한 제곱근지수 방법을 사용한다. 이는 가구 소득을 가구원 수의 제곱근으로 나누어 균등화 개인 소득을 계산하는 방법이다. 예를 들어 성인 2명, 아동 2명으로 이루어진 가구의 소득이 400만 원이라고 하면, 이 가구의 균등화 개인 소득은 200만 원(400만 원/$\sqrt{4}$)이다.

균등화 시장소득은 근로소득, 사업소득, 재산소득, 사적이전소득의 합에서 사적이전지출을 뺀 소득이다. 균등화 처분가능소득은 균등화 시장소득에 공적이전소득을 더하고 공적이전지출을 뺀 소득이다. 공적이전소득은 공공 기관 등에서 개인에게 지급하는 소득으로 국민연금, 공무원연금 등의 공적연금, 기초연금 등을 포함하고, 공적이전지출은 세금과 사회보험료 등을 포함한다. 균등화 시장소득과 균등화 처분가능소득의 차이 정도는 정부의 소득 분배 정책의 효과를 평가하는 데 사용한다.

분배 지표와 정치가 만날 때

2022년에 감사원이 통계청을 대상으로 분배 지표 변경에 대한 정책감사에 착수했다. 소득 분배 지표는 1963년부터 시행하고 있는 가계동향조사를 바탕으로 하는데 이를 변경하는 과정에서 정치적 개입과 조작이 있었다는 논란 때문이었다. 가계동향조사는 원래 앞에서 다룬 소비자물가 조사에 필요한 품목과 가중치를 알기 위해서 가계 지출 구조를 파악함이 목적이었다. 그러다가 소득을 함께 조사하게 되고 지니계수, 소득 5분위 배율 등 소득 분배에 관한 통계까지 작성하게 된 것이다. 8,700개 표본 가구가 36개월 동안 월 단위로 가계부를 쓰고 이를 바탕으로 가계동향조사를 작성했다. 매년 표본의 1/3을 교체하며 분기별 결과를 공표하는 방식으로 진행되었다.

그러나 가계동향조사에는 구조적인 문제가 있었고, 이에 여러 비판이 제기되었다.[85] 저소득층과 고소득층의 응답률이 저조해서 중간소득층이 과도하게 대표된다는 점이다. 실제로 전체 평균 응답률은 2011년 79.6%에서 2016년 74.7%로 떨어졌다. 또한 고소득층은 조사원의 접근도 어렵고 금융 소득과 기타 소득이 대부분 누락되어 소득 분배의 불평등도가 실제보다 낮게 나타났다. 왜냐하면 개인이 자신의 분기별 금융 소득이나 기타 소득을 따로 인식하고 있는 경우는 드물어서 분기별 소득 집계가 사실상 어렵기 때문이다.

이런 이유로 2016년 말 통계청은 가계동향조사를 2017년 말까지 시행한 후 중단하기로 했다. 가계동향조사 대신 1년 단위의 가계지출조사를 시행하고, 가계 소득과 소득 분배에 관한 조사는 통계청이 한국은행, 금융감독원과 함께 시행하는 가계금융·복지조사의 연간 조사로 통합하기로 했다. 가계금융·복지조사는 2만여 가구를 표본으로 조사원의 방문 면접 조사 방식으로 조사를 시행하며, 소득·지출과 함께 자산·부채를 연계해서 조사한다. 이 조사는 고소득층의 낮은 응답률을 고려해 표본 추출 시 고소득층 비율을 실제 인구 비율에 비해 높인다. 또한 매년 10월에 국세청의 개인 금융 소득 자료와 보건복지부의 보조금 자료 등으로 보완해서 더 정확한 소득 측정이 가능하다.

문제의 시작은 2017년 5월에 들어선 새 정부가 소득 주도 성장의 기조를 채택하고 속도감 있게 최저임금 인상 등의 정책을 추진한 시점부터다.[86] 통계청이 갑자기 2017년 2분기 소득 분배 통계를 공개하지 않기로 했다. 2017년 5월에는 '2016년 소득 분배 지표'

와 '2017년 1분기 소득 5분위 배율'을 공표했으나 2017년 2분기 통계를 공개하지 않기로 했다. 2017년 2분기의 소득 5분위 배율이[87] 4.73배로 2016년 2분기의 4.51배보다 높아졌는데, 이를 감춘 것이다. 다만 비공식적으로 소득 분배 통계를 입수한 기획재정부는 경제부총리의 발언을 통해서 "소득 분배 지표가 6분기 연속 악화되었다."는 우려를 표명했다. 통계청은 2017년 소득 분배 지표가 공표될 2018년까지 가계금융·복지조사의 지니계수 등을 공식 통계로 채택할지 여부를 결정하겠다고 발표했다. 따라서 1년 정도 기간에 걸친 소득분위별 소득과 지출 등 소득 분배 통계의 공백 상태를 예고했다.

논란은 2017년 말에 다시 불거졌다. 2017년 4분기 가계동향조사 결과 가구 실질소득이 9분기 만에 플러스로 전환되어서 전년 대비 1.6% 증가하고 소득 5분위 배율이 2016년 4.63에 비해 2017년은 4.61로 미세한 폭이나마 감소하였다. 이 상황에서 여당 국회의원이 가계동향조사의 재개를 주장하고, 가계동향조사 예산으로 약 28억여 원이 편성되었다. 이 과정에서 통계청도 조사를 재개해 달라는 외부의 요청이 있었다며 외부 영향력을 시사했다. 앞뒤 정황을 보면 정부의 소득 주도 성장 정책의 성과를 홍보하려는 시도로 의심될 소지가 많았다.

문제는 거기서 끝나지 않았다. 공교롭게도 한시적인 한 분기의 소득 분배 개선을 나타낸 가계동향조사 결과는 2018년 들어 다시 방향을 틀었다. 1분기와 2분기 모두 고소득층 소득이 늘어나고 저소득층 소득은 줄어들어 급기야 2분기에 5분위 배율로 본 소득 격차는 2008년 글로벌 금융위기 이후 최고 수준을 기록했다. 그 시점에서 임기 1년을 조금 넘어선 통계청장이 전격 경질되었고, 후임으로 임명된 통계청장의 국책 연구위원 시절 기고가 문제로 떠올랐다. 소득 분배 악화 원인이 2018년부터 가계동향조사에 1인 가구와 고령층 가구 등 저소득층의 표본 비중이 늘어난 때문이라는 기고 내용이었다.

한편 논란에 휩싸였던 가계동향조사 개편안은 2018년 8월 확정되었다. 2018년 예산 약 28억 원에 이어 2019년 예산으로 130억 원이 책정되었다. 예전에는 경제활동 인구 조사와 표본을 공유했는데, 이를 바꿔서 7,200가구의 전용 표본을 채택하기로 했다. 표본 가구에 대한 조사는 예전의 가계부 작성 방식으로 돌아가되 조사 기간은 36개월에서 12개월로 단축해서 6개월 조사 후 6개월 쉬고 다시 6개월 조사하는 '6·6·6' 연동 표본 방식으로 개선했다. 응답 부담은 줄이고 전 분기, 전년 같은 분기와의 표본 중복을 확보해서 표본의 연속성을 제고하고자 했다.

가계동향조사에 대해서는 통계 조사 방법 측면에서 논란의 여지가 많았다. 1963년부터 실시해 온 가계동향조사를 이용한 소득 집계를 갑자기 중단하는 게 현명한 결정인지 갑론을박했다. 존속하면서 보완하는 게 최선이라며 반대하는 주장도 강했다. 하지만 진짜 문제는 이런 조사 방법의 기술적인 측면이 아니었다. 소득 집계를 중단하기로 했다가 얼마 후 다시 재개하기로 결정하며 오락가락한 정부의 입장이 문제였다. 그 과정을 보며 사람들은 정치적 의도를 갖고 소득 분배 통계를 작성하는 게 아닐까 하는 의구심을 품기 충분했다.

2016~2018년 가계동향조사를 둘러싼 논란은 국가의 공식 통계에 대한 불신을 증폭시킨 안타까운 일이다. 당시 정부가 소득 주도 성장 정책을 추진하면서 정당화의 근거로, 또 성과 확인과 홍보를 위해서, 국가 통계를 이용하려 했다는 의문이 대두되었다. 통계청장 인사, 국회의 질의와 예산 편성, 각종 보도 내용 등을 종합했을 때 통계 변경을 둘러싼 정치적 의도가 전혀 없었다고는 부인하기 어려울 것이다. 중요한 경제 통계는 통계 담당 당국과 기관이 작성하며 상당한 조직과 예산이 소요된다. 따라서 조직·예산을 좌우하는 정부·여당 등 정치 권력이 개입하면 강력한 프로크루스테스의 침대가 출현할 수 있다는 점을 염두에 두어야 한다.

미래 세대를 위한 걱정,
국가 부채

나라 빚, 이렇게 늘어도 괜찮아?

코로나19 대응 과정에서 정부의 재정 지출이 급증하고 국가 부채가 누적되었다. 그 여파로 2021년 국가 부채가 사상 처음 2,000조 원을 넘어서 2,196조 4,000억 원을 기록했다. 한쪽에서는 "GDP의 30%였던 국가 부채가 50%를 넘어설 정도로 증가 속도가 너무 가파르다."며 경종을 울린다. 국민 한 사람의 빚이 1,896만 원이라면서 국민의 불안심리를 자극한다. 반면에 다른 한쪽은 "선진국의 경우 부채 비율이 평균 80%인데도 끄떡없다."라고 안심시킨다. 정부 부채는 어려울 때 쓰는 거라고 역공하기도 한다. 누구 말이 맞을까?

여기에서 국가 부채의 적정 수준을 따지지는 않겠다. 어느 정도의 국가 부채가 적정한지는 각자의 입장과 판단에 따라 달라진다.

다만 어디까지를 국가 부채 통계로 잡는 것이 적절한지를 살펴보려고 한다. 국가 부채 통계가 국민들이 우려하는 잠재적 빚을 제대로 잡아내고 있는지가 우리의 관심이다.

무엇보다도 국가 부채라는 개념을 명확하게 규정하는 게 필요하다. 우선 '국가 부채'와 '국가 채무'를 구별해야 한다. 채무와 부채, 엎치나 메치나 그게 그거 아닌가라고 말할 사람도 있겠지만 그렇지 않다. 공식적으로 국가 채무는 국채, 차입금, 국고채무부담행위로 구성된다. 현금주의 원칙에 따라서 현재의 확정 채무만을 포함하고 장차 생길 수 있는 비확정 채무는 포함하지 않는다. 중앙정부 채무뿐만 아니라 지방정부와 교육자치단체 채무도 포함한다.[88]

반면에 국가 부채는 중앙정부의 확정 채무 외에도 비확정 채무인 연금 충당 부채(2021년 말 기준 1,138조 원으로 국가 부채 2,196조 원의 52%를 차지한다.)를 포함한다. 여기에는 중앙정부의 부채만 포함되고 지방정부의 부채는 포함되지 않는다.[89] 이러한 국가 채무와 국가 부채의 개념 차이가 논란을 빚는다.

그러면 국제 기준은 어떨까? IMF는 국가 채무를 '정부가 직접적인 상환 의무를 부담하는 확정 채무'로 정의한다. 먼저 '정부'에는 중앙정부와 지방정부(교육자치단체 포함)가 모두 포함된다.[90] 그리고 '확정 채무'라는 개념이 핵심이다. 중요한 몇 가지 채무가 '확정'이라는 조건에 맞지 않아서 국가 채무 통계에 잡히지 않는다. 우리나라의 4대 연금인 국민연금, 공무원연금, 사학연금, 군인연금의 잠재부채(책임준비금 부족분)는 연금 개혁 등 정책 변화에 따라 가변적인 미

확정 채무라 제외한다. 그리고 정부로부터 독립적인 경영 주체인 공기업의 부채도 포함하지 않는다. 마지막으로 통화안정증권은 한국은행 부채인데 역시 포함하지 않는다. 결론적으로 IMF의 국가 채무 정의는 아주 좁다.

그렇다면 우리 정부의 국가 부채 통계는 어디까지 포함할까? 우리 국가 부채 통계는 '국가재정법'이 정하는 국가 채무를 기본으로 한다. 중앙정부와 지방정부·교육자치단체의 확정 채무를 포함한다(이를 D1으로 부른다.). 이 통계에는 정부가 예산으로 운영자금을 지원하는 공공 기관이 완전히 빠져 있다. 반면에 OECD와 세계은행 World Bank 등 국제기구 기준은 수입의 50% 이상을 정부 재정에서 보조받는 비영리 공공 기관의 부채도 포함시킨다. 이러한 국제 기준에 맞추기 위해서 국가 채무(D1)에 비영리 공공 기관 부채를 더한 '일반 정부 부채'라는 통계치를 발표한다(이를 D2로 부른다.). 나아가 일반 정부 부채에 비금융 공기업(한국전력, 한국가스공사, LH 등이다.)의 부채를 더한 '광의의 국가 부채'(D3라고 하며 공공 부문 부채라고도 한다.)도 발표한다.[91]

빚을 알아야 갚을 수 있다

2022년 초에 언론들이 언급한 2021년 나라빚 2,196조 원의 수치는 어디에서 왔을까? 이 숫자는 정부가 국회에 보고하는 2021년 결산보고서에 포함되는 재무제표의 부채란에 기재된 통계치다. 중앙정부의 채무(818조 원)에 공무원연금과 군인연금의 연금 충당 부채

(1,378조 원)를 합한 숫자다. 최근의 논란은 과연 1,378조에 달하는 연금 충당 부채를 국가 부채 통계에 포함시키느냐가 핵심이다.

　　연금 충당 부채는 앞으로 현재 연금자와 장래 연금자에게 줄 연금 추정액을 현재 시점에서 미리 계산한 금액이다. 국가가 당장 갚아야 하는 나랏빚은 아니지만, 연금 수입이 부족하면 국가가 재원을 투입해 메꿔야 하는 만큼 잠재적 부채로 볼 수 있다. 이에 대해서 정부는 "연금 수입을 빼고 지출만 고려했기 때문에 부채 규모가 과장되었다."고 해명했다. 정부의 설명대로 향후 연금 수입을 포함시키지 않은 건 맞다. 하지만 미래 연금자에 대한 지급액을 계산할 때도 연금 지급액 전체가 아닌 현재까지의 납부액에 근거한 연금 지급액만을 포함시킨다는 점에서 정부의 설명은 사실과 다르다. 예를 들어 2년 근무한 신입 공무원이 25년 뒤에 연금 수령자가 된다면 이 공무원이 받을 연금 총액의 2/25 만큼만 연금 충당 부채에 포함시킨다. 연급 지급액의 23/25는 아예 장래 지급액 계산에 넣지 않아서 향후 연금 보험료 수입을 포함하지 않는 것과 같은 효과다.

　　현재 연금 충당 부채는 공무원연금과 군인연금만을 고려한다. 4대 연금 가운데 국민연금과 사학연금은 법적으로 국가가 직접적인 지급 주체가 아니라는 이유로 제외된다. 하지만 두 가지 연금의 지급 역시 실질적으로는 정부의 몫이라는 사실을 부정하기 어렵다.

　　언론에서 언급한 2,196조 원에 포함되지는 않았지만, 공기업의 부채도 국가 부채 통계에 넣을지 논란이 많다. 예산으로 지원하는 비영리 공공 기관의 부채는 이미 국가 부채(일반 정부 부채인 D2)에 들어가 있다. 자체적으로 독립 경영하는 공기업의 부채가 문제다. 이 가운데 비금융 공기업의 부채는 공공 기관 부채(넓은 의미의 국가 부채로 D3)로 잡힌다. 금융 공기업(산업은행, 수출입은행 등)의 부채는 어디에도 잡히지 않는다. 규모면에서 금융 공기업 부채가 GDP의 62.7%, 비금융 공기업 부채는 20.6% 정도다.[92] 무시할 수 없는 규모다. 하지만 독립적으로 경영하는 공기업을 자산에 대한 고려 없이 부채 규모만으로 문제 삼는 건 무리다. 삼성전자 주주들이 삼성전자의 부채 증가를 떼어 내서 걱정하지 않는다. 늘어난 부채만큼 자산이 늘고 이를 통해 매출이 늘면 이윤으로 부채를 갚는다. 공기업의 경우에는 부채 규모보다는 재무구조의 건전성이나 손익이 더 중요하다.

그렇다고 공기업 부채를 기업 논리로 그냥 방관해서도 안 된다. 한국전력은 우크라이나 전쟁으로 인한 에너지 가격 급등과 탈원전 정책의 후폭풍으로 2022년 1/4분기에만 8조 원에 달하는 영업 손실을 기록했다. 그리고 연간으로는 영업 손실이 최대 40조에 달할 것으로 예상하고 있다. 한국전력의 손실은 전기료 인상과 한전의 자구책(한전 보유 발전사 지분과 해외자산 매각 등)으로 일부 메꾸더라도 결국 정부 재정 투입이 불가피하다. 2조 7,980억 원의 영업 손실을 기록한 2008년에도 정부에서 추가 경정 예산을 편성하여 6,680억 원을 재정 지원했다.[93] 금융 공기업도 마찬가지다. 부실 기업 정리나 산업 합리화에 정책 자금을 제공한 산업은행이나 수출입은행 같은 금융공기업에 정부 재정으로 자본금을 확충한 사례는 종종 있었다.

그러나 일반 정부 부채, 연금 충당 부채, 공기업 부채를 합쳐서 국가 부채 규모를 측정하는 건 무리다. 서로 다른 성질의 부채를 단순 합산하는 건 통계의 원칙에 맞지 않는다. 그리고 국가 부채 문제의 해결에도 도움이 되지 않는다. 같은 건 함께 묶어서 동일하게 다루어야 되지만, 다른 건 따로따로 통계로 잡고 해결하는 게 상식에 맞다. 연금 충당 부채와 공기업 부채를 일반 정부 부채와 같은 기준으로 합쳐서 국가 부채를 계산한다면 이는 '비판을 위한 비판'일 뿐이고 건설적인 논의를 방해한다. 그리고 악용의 소지도 있다. 가령 공기업 민영화로 공기업 부채를 대폭 줄이는 대신에 대규모 재정 적자 예산을 편성하는 편법을 용인하는 꼴이 될 수도 있다. 사회보험의 연금 충당 부채나 공기업의 부채는 국가 부채에 합산하지 않더라도 별도로 통계를 잡아서 관리해야 한다. 각각의 통계가 제대로 나와야 문제점을 파악할 수 있고 해결 방법도 찾을 수 있다.

연금 충당 부채의 포괄 범위도 문제다. 4대 연금 외에 건강보험, 고용보험, 산재보험, 장기요양보험을 포함한 8대 사회보험 모두를 살펴봐야 한다. 사회보험은 자체 부담이 원칙이므로 국가 부채는 아니다. 하지만 보험료 인상이나 지급액 삭감만으로 커지는 적자를 메우는 데는 한계가 있고 재정 지원이 필요할 수도 있다. 연금 충당 부채는 아니지만 8대 보험 모두 적자 규모를 정리하고 추정하는 노력이 반드시 필요하다. 이러한 통계를 바탕으로 사회보험의 개혁도 가능하기 때문이다.

국가 부채 통계와 관련해서 두 가지를 생각해 보자. 첫째, 부채 규모보다는 부채의 내용과 상환 능력이 중요하다. 부채를 누적

시키는 재정 적자의 원인과 용도를 따져 봐야 한다. 기존 부채의 이자 상환, 경상경비 조달, 사회보험 의무 지출 등을 위한 적자 재정은 심각하게 다루어야 한다. 둘째, 최근까지 국가 채무 비율이 낮게 유지된 이유는 재정 적자를 줄였거나 부채를 갚았기 때문이 아니다. 1960~1970년대 매년 재정 적자는 20% 내외였지만, 연평균 8%의 경제 성장률과 15%대의 물가상승률이 국가 채무 비율을 자연스레 낮추었다.[94] 국가 부채 문제는 경제 성장 등 거시적인 안목에서 살펴보아야 한다. OECD는 우리나라의 경제성장률이 2007~2020년 2.8%에서 2020~2030년 1.9%, 그리고 2030~2060년 0.8%로 떨어져 OECD 평균인 1.1%에 못 미치고 38개국 중 캐나다와 함께 최저 수준이 될 것으로 전망했다.[95] 이러한 중장기 경제 성장 전망은 한국 경제가 감당할 수 있는 국가 부채 수준을 판단할 때 감안해야 할 중요한 사항이다.

결론적으로 국가 부채와 같은 재정건정성에 관한 통계는 신중하게 따져 보아야 한다. 주요국, 특히 선진국과의 GDP 대비 국가 부채 비율을 일률적으로 비교해서 우리는 비율이 낮으므로 재정건전성에 문제가 없다고 함은 무책임한 일이며, 또 하나의 프로크루스테스의 침대가 될 수 있다. 기축 통화국을 포함한 선진국과의 획일적 비교는 부적절하다. 국가 부채를 집계하는 정부와 공공 부문의 범위가 국가마다 다르다. 각국의 재정 구조와 제도, 역사, 관행이 다르므로 단순한 비율 비교에 한계가 있다. 예를 들어 우리는 한국 전력이나 금융 공기업 같이 정부 지분이 50% 이상인 공기업은 임원 임명에 정부가 영향력을 행사하는가 하면 가격을 규제하기도 하고 누적 적자를 재정으로 메우기도 한다. 글로벌 스탠더드와 전혀 맞지 않는 관행이다. 심지어 민간회사가 된 포스코, KT, KT&G 등의 임원 인사나 경영에 정부가 개입하기도 한다. 이런 현실에서 선진국과 비교해서 국가 부채의 적절성을 따지는 것은 별 소용이 없다.

정부 부채가 관심을 끈 건 2010년 하버드대학 카르멘 라인하트 교수와 케네스 로고프 교수가 "정부 부채 비율이 GDP의 90%를 초과하면 경제 성장에 저해된다."라고 발표하면서다. 두 교수는 정부 부채 비율이 90%를 넘는 지점이 경제가 경기 침체에 빠지는 티핑 포인트tipping point라고 주장했다. 두 사람의 주장은 하버드대학의 저명한 교수라는 명성을 업고 전 세계의 관심을 받았다. 나아가 긴축 재정 정책을 옹호하는 학계와 정부의 확실한 이론적 근거로 인용되었다. 하지만 국가 부채가 과도하다거나 재정 건전성 악화가 우려되는 판단의 명확한 기준이나 임계점은 없다.

국제 금융시장이 국가 부채의 규모나 증가 속도에 의심을 가지게 되는 순간 문제가 되고, 이는 재정과 금융 위기로 연결될 수 있다. 따라서 누가 봐도 문제가 되지 않을 정도로 건전하고 투명하게 국가 부채 문제를 다루어야 한다. 경제 성장의 감속도 국가 부채의 누적도 미래 세대에게 짐이 된다는 사실은 재정 건전성 확보가 절실한 이유다.

세상을 바로 보는 힘
통계 안목

이런 출산율이면,
언제 우리나라가 사라질까?

인구 유지에 턱없이 모자라는 출산율

우리 사회와 경제가 맞닥뜨린 구조적 문제의 근본에는 '저출산 고령화'가 있다. 인구 감소는 곧 국가 소멸이라는 위기 의식 때문에 출산율 하락에 대한 우려가 깊다. 이러한 문제점을 한눈에 보여 주는 통계가 '합계 출산율'이다.[96] 세계에서 합계 출산율이 가장 낮은 국가가 대한민국이다. 2021년 우리나라의 합계 출산율은 0.8이고, 2022년은 0.7 수준으로 하락할 전망이다. 그런데 합계 출산율을 정확하게 이해하는 사람은 별로 없다.

합계 출산율은 결혼 여부와 관계없이 '가임 연령층인 15~49세 여성이 평균적으로 낳는 자녀 수'로 정의한다. 다시 말해서 여성 1명이 평생(정확하게는 가임 기간을 말한다.) 동안 낳을 것으로 예상되는 자녀 수다. 합계 출산율은 국가의 출산력을 나타내며 미래의 인구 변화를 예측하는 통계치다. 이러한 합계 출산율은 어떻게 구할까? 한 여성을 15~49세 동안 추적해서 낳은 자녀수를 합해서 계산하면 되지 않을까? 아니면 이미 가임기가 지난 여성들의 출생아 수를 구한 후 평균 출산율을 구하면 안 될까? 이런 방식으로 얻은 통계치는 30여 년 전의 출산 통계이기 때문에 미래를 예측하는 통계치로는 부적절하다.

그렇다면 어떻게 구하는 것이 좋을까? 합계 출산율은 15~49세 사이의 연령별 출산율을 구한 다음 이를 모두 합쳐서 계산한다. 연령별 출산율이란 연령별로 해당 연령 1,000명의 여성에게서 출생한 아동 수의 비율이다[(해당 연령 여성의 출생자 수/해당 연령 여성 수)×1,000]. 예컨대 2022년 35세 여성이 50만 명이고 그들이 한 해 동안 낳은 아이가 3만 명이면 35세 연령별 출산율은 60(0.06×1,000)이다. 이런 방식으로 구한 35개 연령별 출산율(15~49세에 35개 연령이 있다.)을 모두 더해서 1,000으로 나누면 합계 출산율이 된다.[97] 각 연령별이 아닌 5세 단위로 묶어 출산율을 계산한 다음 합산하기도 한다.

신문 기사나 뉴스에서 '합계 출산율'을 단순히 '출산율'이라고 해서 헷갈리게 하는 경우가 많다. 합계 출산율과 다르게 '일반 출산율'은 1년 동안의 총 출생아 수를 15~49세 여성 인구의 수로 나눈 값에 1,000을 곱한 값이다. 이는 현 시점에서의 출산율이다. 반면에 합계 출산율은 예상 출산율로서 향후 출생아 수를 추정하는 가장 적절한 지표로 활용된다.

세상을 바로 보는 힘
통계 안목

출산율과 비슷한 개념으로 '출생률'이 있다. 출생률은 총 인구 수에 대해 1년 동안 새로 태어나는 아이의 수를 천분율(‰)로 나타낸다. 이를 조출생률이라고도 하는데 한 국가의 전체 인구수는 그해의 중앙에 해당하는 7월 1일의 인구를 사용한다(이를 연앙인구라고 한다.). 그런데 '출산율'을 '출생률'과 동의어로 사용하는 경우가 있으므로 주의해야 한다.

합계 출산율을 일정 수준으로 유지해야 인구 규모가 줄어들지 않고 유지된다. '현재의 인구 규모를 유지하기 위한 합계 출산율'을 '대체 출산율'이라고 한다. 일반적으로 대체 출산율을 2.1로 알고 있다. 왜 2.0이 아니고 2.1일까? 여성 1명이 평균 2자녀를 낳으면 인구 수가 유지되지 않을까? 2자녀 가운데 확률적으로 1명은 여자일 것이고, 따라서 여성 수는 동일하게 유지되고 이러한 순환은 지속될 수 있을 것이다. 그런데 문제는 여성이 가임 연령대에 도달하기 전에 사망하는 경우가 생기기도 한다. 이러한 상황을 감안해서 한 나라의 인구수를 유지하기 위해 필요한 합계 출산율은 2.1명이다. 하지만 2.1명은 선진국의 평균일 뿐이다. 국가마다 대체 출산율은 모두 다르다.

개발도상국은 영아 사망률이 높기 때문에 인구 유지에 필요한 대체 출산율이 선진국에 비해 높다. 2005년 세계 평균 대체 출산율은 2.32명이다. 그런데 전쟁과 테러, 낮은 의료 수준의 아프가니스탄의 대체 출산율은 3.06명이고, 에이즈와 살인범죄율이 높은 남아프리카공화국의 경우에는 2.57명이다. 북한과 중국은 2.22명인데,

영아 사망률이 높지 않아도 중국처럼 출생아 성비가 심각한 남초를 보이면 대체 출산율이 높아진다. 미국과 한국의 대체 출산율은 2.08명이다.

합계 출산율이 대체 출산율 수준보다 낮으면 인구는 감소한다. 그렇다면 우리나라의 경우처럼 1.0을 밑돌면 인구가 급감해서 국가 소멸까지 걱정해야 할까? 우리나라의 합계 출산율이 2.0을 밑돌기 시작한 건 이미 40여 년 전인 1984년이다. 그러면 우리나라 인구는 1980년대 중반 이후로 감소했을까? 그렇지 않다. 인구가 줄어들기 시작한 것은 아주 최근인 2020년부터다. 인구수를 결정하는 것은 출산율과 사망률이다. 그동안 평균 수명이 급속하게 늘어나면서 사망률은 급속하게 낮아져 인구가 증가했다.

"한국, 초저출산에 2035년부터 인구 감소 예상"이라는 2022년 11월 24일 신문 기사가 눈길을 끌었다. 「한국 의과학 저널Journal of Korean Medical Science」 11월호에 실린 '대한민국 출산율 추이: 동향 및 전망'에 따르면 우리나라 인구수는 2035년부터 감소가 본격화되어 2060년에는 4,280만 명 수준에 이를 것이라고 한다. 이를 보고 대다수 사람들은 국가 소멸은 아니더라도 사회경제적 문제가 심각하다고 생각하는 반면 어떤 사람들은 충격적인 합계 출산율에 비해 사태가 그다지 심각하지 않다며 다소 안심할 수도 있다. 인구수는 합계 출산율 외에도 다른 다양한 요인들이 복합적으로 영향을 미치기 때문이다.

해남의 역설

우리나라 지방자치단체들은 줄어드는 인구를 늘리기 위해서 출산장려금을 준다. 그런데 지방자치단체마다 제각각이어서 편차가 크다. 같은 경기도 내에서도 양평군은 넷째 아이의 경우 2,000만 원을 주지만 오산시는 출산장려금을 전혀 주지 않는다. 최근에는 일부 지방자치단체에서는 그 규모를 확대하는 반면에 다른 일부 지방자치단체에서는 축소하거나 폐지하기도 한다. 예를 들어 강원도 영월군은 2023년부터 출산장려금을 첫째는 기존 30만 원에서 100만 원으로, 둘째는 50만 원에서 300만 원으로, 셋째는 100만 원에서 1,000만 원으로 대폭 확대한다고 발표했다. 반면에 울산시는 2022년부터 정부에서 시행하는 출산지원금 제도인 '첫만남이용권'의 도입을 계기로 중복 지원과 재정 부담을 고려해서 2023년부터 지방자치단체 지원은 폐지한다고 발표했다.

과연 출산지원금은 제 역할을 하고 있는 걸까? 2012년부터 첫째 아이를 낳은 가정에 300만 원을 지급해 온 전남 해남군은 출산장려금을 받은 아이의 26%, 어머니의 22%가 출산 이후 3년 내에 해남을 떠났다고 한다. 2012년 해남의 0세 인구는 810명이었는데 5년 후에 보니 5세 아이는 519명으로 36%가 감소했다. 이를 '해남의 역설'이라고 한다. 파격적인 출산장려금으로 3년 연속 전국 출산율 1위를 기록하고 있는 전남 영광군 역시 전체 인구는 2013년 이후 계속 감소하고 있다. 출산지원금이 해당 지방자치단체의 인구를 늘리지 못하고 있다.

출산지원금이 비록 해당 지방자치단체의 인구를 증가시키지는 못했지만 인구 감소폭을 줄여 주었다. 더군다나 국가 전체 차원에서 출산율을 높였다는 사실은 부정할 수 없다. 물론 그 긍정적 효과를 구체적인 숫자로 계량화하기는 어렵다. 지방자치단체 차원에서 중구난방으로 출산지원 정책을 추진하는 것보다 앞으로는 국가 차원에서의 출산이나 육아 지원이 중복과 차별을 줄이면서 효과적으로 합계 출산율을 높일 수 있을 것이다.

인구 유·출입이 자유로운 상황에서 지방자치단체들이 출산 증가를 목표로 경쟁적으로 지원금을 주다 보니 이런 결과가 빚어졌다. 한 지방자치단체가 출산지원금으로 출산 가정을 끌어들이면 이웃한 지방자치단체는 그만큼 인구가 감소한다. 결국 제로섬 경기다. 출산율은 국가 차원에서 장기간에 걸친 인구 추세를 예측할 때 유용한 지표다. 그런데 인구 이동이 잦고 자체적으로 완결된 경제공동체가 아닌 시·군·구 차원에서 출산율을 지표로 삼아서 인구를 늘리고 지역 경제를 부흥시키겠다는 발상이 무리였다.

최근 언론이 '지방 소멸'이라는 위기감을 조장하면서 정부와 사회 각계에서 인구 감소를 방지하려는 노력을 하고 있다. 가장 오래전부터 사용하는 지표는 일본의 사회학자 마스다 히로야가 처음 고안한 지방소멸위험지수로 '20~39세 여성 인구수/65세 이상 고령 인구수'로 정의한다. 한국고용정보원은 이 기준을 적용해서 우리나라 시·군·구를 소멸저위험지역(1.5 이상), 정상지역(1.0~1.5 미만), 소멸주의지역(0.5~1.0 미만), 소멸위험지역(0.5 미만)으로 구분한다. 2022년 3월 현재 우리나라 228개 시·군·구 가운데 68개가 소멸주의지역이고 45개가 소멸위험지역이다. 하지만 이 지표는 오로지 출산과 사망에 따른 인구의 자연 증감만으로 지방 소멸을 판단하는 한계가 있다.

산업연구원은 인구 소멸 지역에서 의외로 합계 출산율이 높다며 지방 소멸이 저출산보다는 인구 유출 때문이라 보았다. 인구의 유·출입은 지역 경제가 제대로 작동하는지에 달려 있다. 지역에 고부가가치 기업이 많고 좋은 일자리를 많이 제공하면 인구를 유입할 수 있다고 설명한다. 그리고 마스다 히로야의 지방소멸위험지수를 대체할 새로운 지수로 '케이(K) 지방소멸지수'를 제안했다. 지역 경제의 선순환 구조를 만들어서 인구 감소와 지방 소멸에 대응한다는 면에서 한 걸음 진보한 통계 지표와 대책이라고 판단된다.

지방 소멸을 걱정하는 사람들은 어떻게든 인구 유입, 특히 젊은층의 유입을 증가시키려고 한다. 그래서 정부는 지역 균형 발전 보조금을 인구 증감을 기준으로 배분한다. 지방자치단체들도 젊은층을 끌어들일 수 있는 일자리를 만들고 출산과 육아 지원에 예산을 중점적으로 배분한다. 하지만 발상을 바꾸어야 한다. 출산율과 인구수는 잊자. 현재 주민들이 행복하게 살 수 있는 지역을 만들면 된다. 현재 주민들이 행복하지 않은 환경이라면 누군들 가겠는가? 현재 지역의 주민인 고령층이 안락하게 지내고 있다면 다른 지역의 고령층이 이주해 갈 것이고, 그걸로 그 지역은 활기를 유지할 수 있다. 『이토록 멋진 마을』의 저자 후지요시 마사하루는 주민이 행복한 마을을 만드는 게 저출산 고령화에 대처하는 지역의 해답이라고 한다.

좋은 통계가 좋은 세상을 만든다

　'발전을 위한 데이터'를 주제로 한 2017년 OECD 개발협력 보고서는 "2030년 지속 가능 개발 목표SDGs가 데이터와 증거에 기반을 둔 우선순위와 전략의 선택에 의해서만 달성할 수 있다"고 천명했다.[98] 유발 하라리는 저서 『호모 데우스』에서 데이터 알고리즘을 신봉하는 데이터교Dataism가 기존의 종교와 이념을 대체할 수 있다고 했다.[99] 책에 따르면 인간, 조직, 공동체, 도시, 국가는 모두 데이터 처리 체계이며, 경제는 욕망과 능력에 관한 데이터를 모아 처리해서 결정하는 기제이다. 빅데이터 시대에 통계 문해 능력을 한 차원 높이는 과제는 개인과 사회의 생존과 번영을 위한 필수조건으로 부상했다. 정확하고 좋은 통계를 올바로 활용할 때 좋은 세상을 만들 수 있다.

통계학이라고 하면 많은 사람들은 골치 아프고 자신과는 상관 없는 이론이라고 멀리한다. 고등학교 수학시간에 기초 통계 이론을 배웠거나 대학에서 필수 과목이라는 이유로 통계학 개론을 마지못해 수강했지만 통계는 생활과 무관하다고 여겼을지도 모르겠다. 그때 배운 통계학 지식을 잊지 않고 기억하는 사람 역시 드물 수 있다. 통계학에 자주 나오는 공식들이 마치 딴 세상의 암호 같다는 인상 정도만 남아 있을 거다. 대부분 사람들은 어렵다고만 생각하고 현실에서는 통계 이론을 벽을 마주한 듯 외면한다. 이런 통계 알레르기를 갖고 있는 분들에게 통계에 대한 아픈 기억을 소환해서 죄송한 마음이다.

하지만 반복적으로 세상을 속이는 프로크루스테스를 두고만 볼 수 없었다. 은연중에 우리의 생각과 신념은 통계에 뿌리를 내리고 있다. 무심하게 신문에서 보거나 방송에서 들었던 통계들에서 우리의 생각은 잉태되고 강화된다. 인생이나 업무의 중요한 결정을 통계에 의존해서 내린다. 이때 제대로 통계를 해석하는 능력이 없으면 상대방에게 속아 넘어갈 수 있다. 상대방을 설득하기 위해서는 적합한 통계를 만들어 제시함으로써 신뢰도를 높여야 한다. 직접 만들지 않더라도 적용할 수 있는 적절한 통계를 찾고 골라야 한다.

통계의 관점에서 보면 보이지 않던 다른 면이 입체적으로 보인다. 이런 사례가 제20대 대통령 선거와 코로나19 방역이다. 대통령 선거에서는 후보자의 지지율을 높여서 중도층을 자기 쪽으로 끌어들이려는 의도로 여론조사를 활용했다. 정치판은 무질서하고 유권자는 혼란을 겪었다. 방역에서도 마찬가지로 혼란이 재현되었다. 수시로 변하는 확진율, 치사율, 백신 효과율이나 재생산지수 같은 통계에 의존한 방역 대책은 갈팡질팡했다.

경제학자 조지프 스티글리츠는 "GDP는 틀렸다."라고 했다. 많은 사람들이 GDP 수치로는 높은 성장을 했는데 개인의 경제적 삶은 여전히 팍팍하고 심지어는 더 후퇴했다는 불만을 터뜨린다. 이는 GDP 측정의 기술적인 오류나 실수의 문제가 아니다. GDP 개념이 담고 있는 가치의 문제다. GDP가 환경 훼손 비용을 잡아내지 못하고 가사 노동의 소중함을 드러내지 않으며 분배의 불평등을 반영하지 못한다면 이러한 문제들은 정책 우선순위에서 밀린다. 무엇을 측정해서 데이터를 모으고 통계치로 만드냐가 우리의 신념과 상상력, 그리고 행동을 결정한다.

발터 크래머는 그의 저서 『벌거벗은 통계』에서 "대다수 사람들은 진실을 밝히기 위해서가 아니라 자기의 주장을 뒷받침하기 위해서 통계를 들먹인다."라고 경고했다. 정치인이나 기업은 그들이 원하는 대로 통계를 오용한다. 우리 스스로도 주어진 통계에서 사실을 보지 않고 보고 싶은 것만 보는 성향이 있다. 통계statistics와 조작manipulation을 결합한 신조어statisticulation가 있을 정도다. 이렇게 왜곡되거나 부정확한 통계를 바로 잡아 정직하고 정확한 통계를 만들게 하는 것은 통계를 활용하는 사람들이다. 좋은 통계와 나쁜 통계를 가려낼 줄 모르면 부정직하고 부정확한 통계가 넘칠 수밖에 없다. 좋은 통계가 있어야 상황에 맞는 합리적인 정책이 나올 수 있고, 인생에서 후회나 억울함이 없는 선택을 할 수 있다. 좋은 통계에서 좋은 인생과 좋은 세상이 만들어진다.

초고를 쓰고 난 뒤에도 나라 안팎에 쏟아지는 크고 작은 통계 왜곡 사례들이 계속 눈에 띄었다. 지금도 조작된 통계 사례는 끊임없이 생산되고 있다. 하지만 시간과 분량, 취사선택의 문제로 이 책에 담을 수 없는 사례가 더 많아 아쉽다.

책을 쓴 직접적인 동기가 된 코로나19 팬데믹은 아직도 진행 중이고, 여야 사이에 통계를 이용한 여론전도 상시화된 상황이다. 모쪼록 적합한 통계를 개발해서 코로나19 팬데믹을 하루라도 빨리 극복하고 언제 퍼질지 모를 또 다른 감염병에도 더욱 효과적으로 대응할 수 있길 기대해 본다. 그리고 국민들이 왜곡된 여론조사에 휘둘리지 않고 다가올 각종 선거에서 현명한 선택을 해서 민의에 바탕을 둔 민주주의가 꽃피우길 희망해 본다.

미주

◆ 시작하며

1. 게르트 기거렌처, 발터 크래머, 토마스 바우어, 박병화 역, 『통계의 함정』, 율리시즈, 2017, p.11.

2. 니시우치 히로무, 신현호 역, 『빅데이터를 지배하는 통계의 힘』, 비전코리아, 2013, p.16.

◆ 1장

3. 시노하라 타쿠야, 이승룡·김성윤 역, 『나는 통계적으로 판단한다』, 에이콘, 2020, p.167.

4. 김달호 외, 『생활 속의 통계』, 자유아카데미, 2008, p.62.

5. 여기서 기하평균을 구하는 수식을 나타내면 다음과 같다. $\sqrt{(1.2 \times 1.05)} - 1$

6. $\sqrt{(1.5 \times 0.5)} - 1$

7. 사실 한라산 등반의 경우에는 우리 상식과 다르게 정상을 오르는 데 걸리는 시간보다 내려오는 데 걸리는 시간이 더 길다. 등반로가 돌길이기 때문이다.

8. 출발점에서 백록담까지의 거리를 Xkm라 하자. 그러면 등반거리(2X)를 소요시간(오르는 시간과 내려오는 시간의 합인 X/4+X/3)으로 나누면 평균 속도 24/7 = 3.43km/h가 된다. 이는 오르는 길의 속도 4를 a로, 내려오는 길의 속도 3을 b로 해서 조화평균을 구하는 공식 2ab/(a+b)에 대입해도 된다.

9. Knight Frank, 'The Wealth Report 2021', 2021. 3. 7.

10. 전체 데이터 수가 홀수일 때는 가운데 위치한 데이터가 중앙값이지만 전체 데이터 수가 짝수인 경우에는 중앙에 위치한 두 개의 데이터의 평균이 중앙값이 된다.

11. 김진호, 『우리가 정말 알아야 할 통계 상식 백 가지』, 현암사, 2006, p.73.

12. 확률은 그 합인 1을 기준으로 상대적 크기를 말한다. 확률 0.1은 확률 10%로 표현한다.

13. 게르트 기거렌처, 발터 크래머, 토마스 바우어, 박병화 역, 『통계의 함정』, 율리시즈, 2017, p.17~18.

14. 2004년 1월 기준이다.

15. 한국은행, '국내총생산: 명목, 원화 표시', 한국은행경제통계시스템, 2022.

16. OECD, 'Gross domestic product (GDP)', 2022. 2017년부터 2021년 사이의 GDP 데이터가 집계된 62개 주요국을 대상으로 하고 있으며 2021년 데이터를 원칙으로 하되 이용

가능한 최근 데이터를 사용하고 있다.

◆ 2장

17. Squire, P. 'Why the 1936 Literary Digest poll failed'. Public Opinion Quarterly, 1988, 52(1), p.125~133.

18. 'Why the polls got it wrong last time', The Economist, 1997. 3. 20.

19. ARS 자동응답 시스템을 이용해서 미리 녹음된 질문을 하고 응답자가 전화기 버튼을 눌러서 응답하는 방식이다.

20. 데이비드 스피겔할터, 권혜승·김영훈 역, 『숫자에 약한 사람들을 위한 통계학 수업』, 웅진지식하우스, 2020, p.96~97.

21. 김병섭, 『편견과 오류 줄이기』, 법문사, 2008, p.476에서 재인용(조선일보, 2007년 5월 17일 자 기사).

22. West, Brady & Blom, Annelies. 「Explaining Interviewer Effects: A Research Synthesis」, 2017, Journal of Survey Statistics and Methodology, Volume 5, Issue 2, p.175~211.

23. 대수의 법칙은 표본이 동일한 분포를 가진 모집단에서 독립적으로 추출되었다는 가정 아래 성립한다. 이를 통계학에서는 iid(independent and identically distributed)로 나타낸다.

24. 유의확률로 어떤 주장을 검증하는 건 직관적으로 타당해 보이고, 오랫동안 연구자들이 많이 활용한 방법이다. 흔히 유의확률에 의한 검증을 엄격한 기준을 적용한 신뢰할 수 있는 검증이라고 생각한다. 하지만 유의확률을 발견한 로널드 피셔조차 이 방법은 간편하지만 비체계적인 검증 방법이라고 생각했다. 그는 유의성 검증을 엄격한 가설검정으로 사용하지 않고 새로운 자료를 해석하는 도구 정도로만 활용했다. 근본 문제는 유의성에 대한 해석이 모호하다는 점이다.

25. 나카무로 마키코, 쓰가와 유스케, 윤지나 역, 『원인과 결과의 경제학』, 리더스북, 2018, p.28.

26. 주어진 데이터를 활용해서 확률을 계산함으로써 해답을 얻을 수 있는 확률 이론을 발전시킨 인물이 목사이면서 수학자인 토마스 베이즈다. 그의 이론은 조건부 확률을 계산하는 베이즈 정리로 알려져 있다. 통계학계에서는 비전통파 통계학으로 외면받다가 최근에 큰 주목을 받았다. 전통적인 빈도통계학에 맞서 베이즈통계학이라는 분야를 확고하게 확립했다. 베이즈통계학은 새로운 정보를 효과적으로 최대한 활용하는 측면에서 전통적인 통계학보다 유용하다고 인정받는다. 전통적인 통계학은 다수의 데이터가 있을 때 성립하지

만 베이즈통계학은 소수의 데이터만으로도 확률적 추론이 가능한 장점이 있다.

27. 베이즈 정리를 활용해서 풀어 보자. 베이즈 정리는 사전확률에서 사후확률을 구하는 방법을 제시한다. P는 확률을 의미한다. P(A)는 사건 A의 사전확률로 B의 발생에 관한 정보가 전혀 없을 때 A가 일어날 확률이다. 한편 P(A|B)는 사건B가 일어났을 때 사건 A가 일어날 조건부확률이다. P(A|B) = P(A∩B)/P(B) ⇒ P(A|B) = P(B|A)P(A)/P(B). 또한 마찬가지로 P(B|A) = P(A∩B)/P(A) ⇒ P(B|A) = P(A|B)P(B)/P(A). 이 간단한 베이즈 정리가 통계학의 흐름을 바꿨었다. 3개의 문 뒤에 자동차가 있는 경우를 각각 A, B, C라고 하자. 그리고 각각의 문 뒤에 자동차가 없는 경우, 다시 말해서 염소가 있는 경우를 ~A, ~B, ~C라고 하자. 그러면 각 문 뒤에 자동차가 있을 확률은 P(A), P(B), P(C)고 그 값은 모두 1/3이다. 그리고 각 문 뒤에 자동차가 없을 확률은 P(~A) = 1−P(A), P(~B) = 1−P(B), P(~C) = 1−P(C)이고 그 값은 모두 2/3이다. 우승자가 최초에 A를 선택했고 몬티 홀이 B를 열었다고 하면 P(A|~B)와 P(C|~B)를 구해서 확률이 더 큰 선택을 하면 된다.

P(A|~B) = P(~B|A)P(A)/P(~B) = 1×1/3÷2/3 = 1/2이다. P(~B|A)는 자동차가 문 A 뒤에 있을 때 문 B 뒤에 염소가 있을 확률로 1이다. 같은 방식으로 P(C|~B) = P(~B|C)P(C)/P(~B) = 1×1/3÷2/3 = 1/2이다. 다시 말해서 처음 선택했던 A를 유지하나 바꿔서 C를 선택하나 확률은 1/2로 같다는 결과다. 이는 정답이 아니다. 왜냐하면 이는 정보의 일부만을 사용했기 때문이다. 앞선 계산에서 우리는 B 뒤에 자동차가 없다는 정보만을 사용했고 몬티 홀이 B를 선택한 이유에 담긴 정보는 활용하지 않았다.

28. 모든 정보를 활용해서 확률을 구해 보자. 우리는 어느 문 뒤에 자동차가 있는 걸 이미 알고 있는 몬티 홀이 B 문을 열었다는 정보를 활용해야 한다. 여기서도 우리는 P(A|~B)와 P(C|~B)를 구해서 확률이 더 큰 선택을 하면 된다.

P(A|~B) = P(~B|A)P(A)/P(~B)를 구하기 위해서는 P(~B|A)P(A)와 P(~B)를 구해야 한다. P(~B|A)는 A 뒤에 자동차가 있을 때 문 B를 열 확률이다. 몬티 홀은 B와 C 모두 뒤에 자동차가 없다는 걸 알고 있으므로 B를 열 수도 C를 열 수도 있으므로 그 확률은 1/2이다. 앞에서와 같이 P(A) = 1/3이다.

그리고 P(~B) = P(~B|A)P(A) + P(~B|B)P(B) + P(~B|C)P(C)이다. B 뒤에 자동차가 있을 때 B를 열지는 않기 때문에 P(~B|B) = 0이다. 그리고 C 뒤에 자동차가 있을 때는 C 대신에 반드시 B를 열어야 하므로 P(~B|C) = 1이다. 따라서 P(~B) = 1/2×1/3 + 0×1/3 + 1×1/3 = 1/2이다.

그리고 우리가 구하려는 P(A|~B) = P(~B|A)P(A)/P(~B) = 1/2×1/3÷1/2 = 1/3이다.

한편 P(C|~B)를 구하면 P(C|~B) = P(~B|C)P(C)/P(~B)에서 P(~B|C)는 C 뒤에 자동차가 있을 때 반드시 B를 열게 되므로 P(~B|C) = 1이다. 따라서 P(C|~B) = P(~B|C)P(C)/P(~B) = 1×1/3÷1/2 = 2/3다. 다시 말해서 C 뒤에 자동차가 있을 확률이 A 뒤에 자동차가 있을

확률보다 두 배 높다. 따라서 선택을 바꾸는 것이 현명한 의사 결정이다.

29. 김도형, '0.008% 확률의 홀인원을 일주일 새 두 번이나?', 동아일보, 2022. 9. 28.

30. 보험 가입자가 홀인원을 하면 식사비, 선물 구입비 등을 보상해 주는 보험 상품이다.

31. 프로 투어 골퍼는 3,000번 치면 1번 홀인원을 한다고 알려져 있다.

32. 이를 베이즈 정리의 조건부 확률을 활용해서 구해 보자. 희귀병에 걸리는 사건을 A, 걸리지 않는 사건을 B라고 하자. $P(A) = 0.000001$이고 $P(B) = 0.999999$이다. 검사에 의해 양성 판정이 나올 경우를 X, 음성 판정이 나올 경우를 Y라고 하자. 그러면 $P(X|A) = 0.98$, $P(Y|A) = 0.02$이고 $P(X|B) = 0.02$, $P(Y|B) = 0.98$이다. 베이즈 정리에 의하면 $P(A|X) = P(A)$ $P(X|A)/P(X)$이다. $P(A)$와 $P(X|A)$는 앞에서 이미 계산해서 각각 0.000001과 0.999999이다. 모르는 $P(X)$를 구해 보자. $P(X) = P(A)P(X|A) + P(B)P(X|B) = 0.000001 \times 0.98 + 0.999999 \times 0.02 = 0.02000096$이다. 따라서 희귀병 양성 판정을 받은 사람이 실제 희귀병 유전자 보유자일 확률은 0.00005이다.

◆ 3장

33. 엘리자베스 노엘레 노이만, 김경숙 역, 『침묵의 나선』, 사이, 2016.

34. 김준철, 『여론조사로 대통령 만들기』, 북앤피플, 2015. p.13.

35. 'Boris Johnson has public's support to shut down Parliament to get Brexit over line, exclusive poll suggests', The Telegraph, 2019. 8. 12.

36. 2022년 11월 현재는 91개다.

37. 2021년 9월 현재 기준.

38. 2021년 한국정당학회는 응답률이 3%에 미치지 못하는 조사 결과는 공표·보도를 금지하라고 권고했다.

39. 'Using surveys and polling data in your journalism', Impress & MRS, 2019. 11.

40. NBS는 엠브레인퍼블릭, 케이스탯리서치, 코리아리서치, 한국리서치 4개 여론조사기관이 조사한다.

41. 엄경영, '이재명-윤석열 여론조사, 왜 가상 번호만 초박빙인가', 시사저널, 2021. 12. 4.

42. 한규섭 교수는 선거 전 620개 여론조사 결과를 취합하고 조사 기관의 경향성을 보정해서 후보 지지율을 추정했다.

43. 한규섭, '대선 여론조사, 싼 게 비지떡이었다', 동아일보, 2022. 3. 22, A34면.

44. 고정애, '못 믿을 여론조사, 차라리 발표 금지를', 중앙일보, 2022. 10. 28, 인터넷판.

45. 최상훈. '지상파 공동 출구조사 8년, 성과와 과제'. 방송문화, 2017년 가을호 vol.410, pp.171~188.

46. 김영희, '박빙 대선 결과 '적중'한 지상파 3사 출구조사, 비법은 무엇?', 한겨레, 2022. 3. 10.

47. 고정애, '못 믿을 여론조사, 차라리 발표 금지를', 중앙일보, 2022. 10. 28, 인터넷판.

◆ 4장

48. 김영진, 『통계랑 내 인생이 무슨 상관이라고』, 책숲, 2018, p.34~35.

49. 최강석, 『바이러스 쇼크』, 매일경제신문사, 2020, p.5.

50. 장현은, '백신 맞고 '심낭염', 이상반응으로 공식 인정… 192명 소급적용', 한겨레신문, 2022. 5. 26.

51. 강양구, '전염병 사태에 정답은 없다, 관찰이 필요할 뿐', 한국일보, 2020. 4. 3.

52. 입원 위험과 인공호흡기 사용 등으로 측정했다.

53. Johns Hopkins University CSSE COVID-19 Data. 원문은 다음과 같다. 'Due to limited testing, the number of confirmed cases is lower than the true number of infections.'

54. Johns Hopkins University CSSE COVID-19 Data. 원문은 다음과 같다. 'Due to varying protocols and challenges in the attribution of the cause of death, the number of confirmed deaths may not accurately represent the true number of deaths by COVID-19.'

55. 1차 접종 때는 백신의 종류가 사전에 특정되었지만 2, 3차 접종에서는 선택의 여지가 생겼다.

56. 백신의 효과에 대한 평가는 접종 이후에도 지속되고 그 결과는 변이의 발생으로 큰 차이를 보였다.

57. 2021년 12월 10일 기준, 총 86,468,960 백신 접종 건수 대비 390,292 이상반응 신고 건수.

58. 인세영, '독일 보건부 장관, "그동안 잘못된 통계로 방역정책을 펼쳤다" 인정', 파이낸스투데이, 2022. 2. 7.

59. 이지운, 이지윤, '김총리 "K방역 성공" 자찬, 최근 일주일 사망률은 세계 최고 수준', 동아일보, 2022. 3. 26.

60. 2020년 2월 신천지 대구교회발 1차 대유행, 2020년 8월 사랑제일교회 광복절 도심집회발 2차 대유행, 2020년 12월 성탄절발 3차 대유행, 2021년 7월 델타변이발 4차 대유행.

61. 홍민성, '확진자 숫자로 K방역 실패라 비판하면 국민 모욕', 한국경제신문, 2022. 3. 29.

62. 빌 게이츠, 이영래 역, 『빌 게이츠 넥스트 팬데믹을 대비하는 법』, 비즈니스북스, 2022, p.36~38.

63. '통계 주도 방역'은 그릇된 통계로 방역 실패를 감추고 방역 대책을 왜곡하는 방역 정책을 비난하는 용어로 사용되고 있다.

64. 이은혜, 『아이들에게 코로나 백신을 맞힌다고?』, 북앤피플, 2021. p.48~49.

65. 김향미, '통계에 가려진 사람들', 경향신문, 2022. 5. 10.

66. 최춘식 의원의 요구 자료에 대한 중앙방역대책본부의 답변, 2021년 12월 23일 기준.

67. 박태웅, 『눈 떠보니 선진국』, 한빛비즈, 2021, p.14~21.

68. 재감염은 두 가지 경우다. 하나는 최초 확진일에서 90일이 지나서 PCR 검사로 양성 판정 받는 경우다. 둘째는 최초 확진일에서 45~89일 사이에 PCR 검사로 양성 판정을 받은 경우에 증상이 있거나 또는 확진자와 접촉했거나, 해외여행 기록이 있으면 재감염으로 본다.

◆ 5장

69. 복지보다 국방에 돈을 더 쓰고 싶어 했던 미국 정부는 민간 소득을 합산하는 당시의 기존 국민소득 산출방식을 대체하는 개념으로 국가 내에서 생산된 모든 재화와 서비스의 가치를 측정하는 GDP 개념과 방법을 개발토록 의뢰했다고 한다.

70. 1인당 명목 GDP보다 1인당 구매력 평가 GDP가 적절하다.

71. 이 책은 1983년 처음으로 발간한 뒤 약 5년마다 개정판을 내고 있는데 현재는 2019년에 발간한 9차 개정판이 나와 있다. 한국은행 홈페이지에서 PDF로 다운로드 받을 수 있다.

72. 최성호, 『경제지표와 한국경제』, 씨아이알, 2021.

73. 유엔 자문 기구인 유엔지속가능발전 해법 네트워크에서 조사한다.

74. '5년 만에 고용분석 실토한 기재부, 다른 통계 왜곡도 바로 잡아야', 조선일보, 2022. 5. 13, A31면.

75. 서영빈, '통계청, 비정규직 폭증하자 "통계 문제 있다"…2018년엔 "문제 없다"', 뉴스1, 2020. 10. 14.

76. 2020년 우리나라 전체 가구의 월평균 소비 지출액 중 1만분의 1 이상을 차지하는 458개 품목을 선정한 뒤 품목별로 가중치를 부여하고 이를 평균해서 지수를 작성한다. 소비 지출액에 따라 부여되는 가중치는 개별 품목의 지수 내 중요도를 의미한다. — '소비자 물가지수', 통계청 홈페이지, 2022.

77. 현재 통계청에서 매월 발표하는 소비자 물가지수에는 전·월세 비용만 포함된다. 주택 구입을 위한 대출금 이자, 세금, 감가상각비 등 주택을 소유하는 데 쓰이는 비용은 반영되지

않고 있다.

78. OECD는 농산물과 석유류보다 더 넓은 식료품과 에너지 품목을 제외한 근원 물가지수를 권장한다.

79. 1차 오일쇼크 당시 물가 상승이 통화량과 무관하게 유가 급등에 의한 것이어서 단순히 물가상승률만 보고 금리를 인상할 경우 경기침체가 우려되었다. 이에 석유류 등을 제외한 근원 물가지수를 개발했다.

80. Skidelski, R., 'How Much Debt Is Too Much? Project Syndicate', 2016. 1. 28.

81. 한국은행 경제통계국 물가경제팀, '생산자 물가지수 편제방법 해설', 2004. 3, p.1~2.

82. 1869년 영국의 이코노미스트가 물가지수를 작성해서 게재했다. 이후로 독일(1879년), 일본(1897년), 미국(1902년) 등 주요국들이 물가지수를 발표했다.

83. 임수영, '체감물가와 소비자 물가 왜 다를까', 한국은행, 2014. 8. 1.

84. 오지윤, '물가지수의 이해', 경기일보, 2021. 9. 28.

85. 김낙년, 『한국의 개인소득 분포: 소득세 자료에 의한 접근, 한국경제의 분석』, 2016, 22(3), pp.147~208. 김 교수는 2014년 통계청의 가계동향조사 기준 지니계수 0.314를 대신해서 국세청 소득세 자료를 보완한 소득 통계를 적용해서 수정 지니계수 0.371을 산출하였는데 이는 OECD에서 5번째로 불평등한 분배 수준에 해당하는 수치였다.

86. 이 책에서 국가 통계에 대한 정치적 개입 여부에 대해서 어떤 판단이나 평가를 내리기보다는 정치권력이 프로크루스테스의 침대를 만들었다는 의혹이 제기되었던 사례를 살펴보고자 했다. 다음과 같은 여러 언론 보도를 참조했다.

빈난새, '통계청장 교체 논란, 왜? "가계동향조사가 뭐길래"', 서울경제, 2018. 9. 1.

신준섭, '감사원, 내달 통계청 감사… 文정부 "조작 논란" 타깃', 국민일보, 2022. 8. 15.

정은주, '통계청 가계동향조사 논란은 언제쯤 종식될까요?', 한겨레, 2018. 9. 20.

이민아, "소주성 효과 집착症으로 얼룩진 文정부 4년 '코드 통계' 논란사', 조선비즈, 2021. 5. 23.

87. 전국 가구 범위의 균등화 처분가능소득.

88. 우리나라는 '국가재정법'에서 국가 채무를 정의한다.

89. '국가회계법'에서 결산 시 재무제표상 부채를 작성하도록 하고 있는데 발생주의 원칙에 따라서 장차 생길 수 있는 부채를 포함한다.

90. 국가재정법상 국가채무는 중앙정부 채무만을 의미한다. 다만 우리 정부는 국제 비교 등을 위해서 지방정부 채무를 포함한 국가채무(일반정부채무)를 매년 발표하고 있다.

91. 이를 발표하는 국가는 우리나라, 일본을 비롯한 7개 국가에 불과해서 국가 간 비교에는 사

용하지 않는다.

92. 황순주, '공기업 부채와 공사채 문제', KDI, 2021. 4. 21.

93. 우영탁, 박효정, '한전 마른수건 쥐어짜 봐야 2.6조⋯ 혈세 투입 수순 밟을 듯', 서울경제신문, 2022. 5. 19, 6면.

94. 2008년 글로벌 금융위기 이후에 영국이나 그리스 정부가 과도한 정부 부채를 해소하려고 재정적자를 줄이는 과정에서 GDP 자체가 축소되면서 부채 비율은 오히려 상승한 사례도 있다.

95. Guillemette, Y. & Turner, D. 'The long game: fiscal outlooks to 2060 underline need for structural reform', 2021, p.14.

96. 가임기가 끝난 연령대 여성들의 평균 자녀 수를 완결 출산율이라고 한다. 예측치인 합계 출산율과 달리 이미 가임기가 끝난 여성들만 조사하기 때문에 향후 예측치로서는 부정확하다.

97. 15~49세 여성들을 5세 단위로 묶어서 구한 7개 연령별 출산율을 합해서 구하기도 한다.

◆ 마치며

98. 'Development Co-operation Report 2017: Data for Development, Paris: OECD', OECD, 2017.

99. 유발 하라리, 김명주 역, 『호모 데우스』, 김영사, 2017, p.428~462.

참고문헌

강양구, '전염병 사태에 정답은 없다, 관찰이 필요할 뿐', 한국일보, 2020. 4. 3.

게르트 기거렌처, 발터 크래머, 토마스 바우어, 박병화 역, 『통계의 함정』, 율리시즈, 2017.

김달호·박병구·손중권·송재기·이경은, 『생활 속의 통계』, 자유아카데미, 2008.

김상수, 『코로나 미스테리』, 에디터, 2020.

김영진, 『통계랑 내 인생이 무슨 상관이라고』, 책숲, 2018.

김영희, '박빙 대선 결과 '적중'한 지상파 3사 출구조사… 비법은 무엇?', 한겨레, 2022. 3. 10.

김준철, 『여론조사로 대통령 만들기』, 북앤피플, 2015.

김향미, '통계에 가려진 사람들', 경향신문, 2022. 5. 10.

니시우치 히로무, 신현호 역, 『빅데이터를 지배하는 통계의 힘: 실무활용편』, 비전코리아, 2015.

니시우치 히로무, 신현호 역, 『빅데이터를 지배하는 통계의 힘』, 비전코리아, 2013.

대럴 허프, 박영훈 역, 『새빨간 거짓말, 통계』, 더불어 책, 2004.

데이비드 스피겔할터, 권혜승·김영훈 역, 『숫자에 약한 사람들을 위한 통계학 수업』, 웅진지식하우스, 2020.

마커스 브루너마이어, 임경은 역, 『회복탄력 사회』, 어크로스, 2022.

스튜어트 블룸, 추선영 역, 『두 얼굴의 백신』, 박하, 2018.

시노하라 타쿠야, 이승룡·김성윤 역, 『나는 통계적으로 판단한다』, 에이콘, 2020.

신창운, 『여론을 읽어야 승리한다』, 중앙북스, 2007.

알렉스 라인하르트, 배인수 역, 『당신이 몰랐던 통계 오류』, 비제이퍼블릭, 2015.

엄경영, '이재명-윤석열 여론조사, 왜 가상 번호만 초박빙인가', 시사저널, 2021. 12. 4.

오지윤, '물가지수의 이해', 경기일보, 2021. 9. 28.

우영탁, 박효정, '한전 마른수건 쥐어짜 봐야 2.6조… 혈세 투입 수순 밟을 듯', 서울경제신문, 2022. 5. 19, 6면.

유리 브람, 김수환 역, 『통계적으로 생각하기』, 현암사, 2016.

유병규, 『통계에 담긴 진짜 재미있는 경제』, 매일경제신문사, 2012.

유우종, 『여론조사의 비밀』, 궁리, 2008.

이슬비, '접종 후 코로나: 돌파감염이 '슈퍼 면역력' 만드는 이유', 헬스조선, 2022. 1. 4.

이은혜, 『아이들에게 코로나 백신을 맞힌다고?』, 북앤피플, 2021.

이은혜·권오대·김대현·김용대·김준명, 『코로나는 살아있다』, 북앤피플, 2021.

이정아, '오미크론 변이를 계절 독감처럼 관리? 전문가 "치명률 단순 비교 안 될 말"', 동아일보, 2022. 3. 25, A23면.

이지운, 이지윤, '김총리 "K방역 성공" 자찬, 최근 일주일 사망률은 세계 최고 수준', 동아일보, 2022. 3. 26, 6면.

인세영, '독일 보건부 장관, "그동안 잘못된 통계로 방역정책을 폈었다" 인정', 파이낸스투데이, 2022. 2. 7.

임수영, '체감물가와 소비자 물가 왜 다를까', 한국은행, 2014. 8. 1.

정남구, 『통계가 전하는 거짓말』, 시대의창, 2008.

조슈아 앵그리스트·요른-스테판 피슈케, 강창희·박상곤 역, 『고수들의 계량경제학』, 시그마프레스, 2017.

최강석, 『바이러스 쇼크』, 매일경제신문사, 2020.

최상훈. '지상파 공동 출구조사 8년, 성과와 과제'. 방송문화, 2017 가을호 vol.410

최성호, 『경제지표와 한국경제』, 씨아이알. 2021

최제호, 『통계의 미학』, 동아시아, 2007.

하워드 S. 베커, 서정아 역, 『증거의 오류』, 책세상, 2020.

한국은행 경제통계국 물가경제팀, '생산자 물가지수 편제방법 해설', 한국은행, 2004. 3.

한규섭, '대선 여론조사, 싼 게 비지떡이었다', 동아일보, 2022. 3. 22, A34면.

홍민성, '확진자 숫자로 K방역 실패라 비판하면 국민 모욕', 한국경제신문, 2022. 3. 29.

황순주, '공기업 부채와 공사채 문제', KDI, 2021. 4. 21.

'5년 만에 고용분식 실토한 기재부, 다른 통계 왜곡도 바로 잡아야', 조선일보, 2022. 5. 13, A31면.

'한국은행 기준금리; 국내총생산(명목, 원화표시)', 한국은행경제통계시스템, 2022.

Barnett, Steve, 'Press distortion of public opinion polling: what can, or should, be done? Election Analysis', Political Studies Association, 2019.

Castro Cornejo, R., 'Partisanship and question-wording effects: experimental evidence from Latin America', Public Opinion Quarterly, 83(1), 2019.

Coppock, A., 'Did shy Trump supporters bias the 2016 polls? Evidence from a nationally-representative list experiment. Statistics', Politics and Policy, 8(1), 2017.

Fournier, J. M., & Bétin, M., 'Limits to government debt sustainability in middle-income countries, 2018.

Gehlbach, H., & Barge, S., 'Anchoring and adjusting in questionnaire responses.', Basic and Applied Social Psychology, 34(5), 2012.

Guillemette, Y. & Turner, D., 'The long game: fiscal outlooks to 2060 underline need for structural reform', OECD, Paris, 2021.

https://www.electionanalysis.uk/uk-election-analysis-2019/section-7-news-and-journalism/press-distortion-of-public-opinion-polling-what-can-or-should-be-done

Impress·Market Research Society[MRS], 'Using surveys and polling data in your journalism', 2019. 11.

Katz, D. L., 「Clinical epidemiology & evidence-based medicine」, Sage Publications(CA), 2001.

Siegel, Andrew F., 'Practical Business Statistics', Academic Press, 7th Edition, 2016.

Skidelski, R., 'How Much Debt Is Too Much?', Project Syndicate, 2016. 1. 28.

West, B. T., & Blom, A. G., 'Explaining interviewer effects: A research synthesis.', Journal of survey statistics and methodology, 5(2), 2017.

'Gross domestic product (GDP)', OECD, 2022. 6. 8.

'Men's World Record Progression', www.topendsports.com, 2022.

'Social spending', OECD, 2022.

'South Korea's Total primary energy consumption by fuel type in 2019', U.S. Energy Information Administration, 2022.

"Methodological considerations", in OECD Guidelines on Measuring Trust, OECD Publishing, Paris, 2017.